KB113675

굿모닝 싱가포르,
클로이입니다

굿모닝 싱가포르, 클로이입니다

초판1쇄 2014년 12월 10일

지은이_ 클로이 조
펴낸이_ 신영혜 ┃ 펴낸곳_ 마젠타
북에디팅_ 바오밥, 김경안
표지 디자인_ Blackfinger ┃ 본문 디자인_ 인디자인
마케팅_ 변창욱

출판등록_ 2008년 7월 25일 제 313-2008-120호
주소_ 서울특별시 서대문구 서소문로 45, 1507호 (합동, SK 리첸블)
전화_ 02-3142-8004 ┃ 팩스_ 02-3142-8011
이메일_ kinglib@naver.com
블로그_ blog.naver.com/kinglib
인쇄_ 삼조인쇄

ⓒ 클로이 조
가격과 ISBN은 뒤표지에 있습니다.
이 책의 전체 또는 일부를 이용하려면 저작권자와 마젠타의 동의를 받아야 합니다.
잘못된 책은 구입처에서 교환해드립니다. 마젠타는 왕의서재 임프린트입니다.
*읽으면 행복해지는 책을 만드는 마젠타는 여러분의 원고를 기다리고 있습니다.
보내실 곳: inamaria@hanmail.net

굿모닝 싱가포르,
클로이입니다

클로이 조

마젠타

대학에 들어오면서부터 거의 하루 종일 방송 일을 했습니다. 학과 공부에, 일에, 하루 종일 치이다 보니 쉽게 지치기도 했죠. 그러나 그런 힘들었던 순간에도 나를 깨어있게 만든 것은 나만의 꿈이었습니다.

서울에 살 때 종종 지하철을 타고 가면서 아름다운 한강의 석양을 볼 때마다 위안을 받곤 했습니다. 지평선 너머 찬란한 석양은 나에게 미지의 세상을 꿈꾸게 해주었고, 눈을 감고 아시아, 미국, 남미, 유럽을 무대로 활동하는 나를 꿈꾸어 보았습니다.

아무리 모순으로 가득한 것처럼 보여도 인생은 깜짝 놀랄 일로 가득합니다. 또한 인생은 무언가를 가져간다면 돌려주기도 합니다. 대학생이던 내가 한강의 석양을 보며 꿈꾸던 황당한 몽상들도 현실이 되었습니다. 글로벌 방송인으로서 일하며 세계적인 독일 슈퍼모델과의 점심 식사, 911 테러로 인한 뉴욕시장과의 인터뷰, 전직 미국 공화당 부통령 후보와의 만남, IMF 총재와의 인터뷰 등 상상하던 그 이상의 일들이 일어났습니다.

살다보면 힘든 일도 생기고, 어려움 때문에 눈물을 흘리기도 하고, 자기희생도 필요합니다. 화려하게만 보이는 모든 성공 스토리 뒤에는 이런 희생, 눈물, 고통이 있습니다.

밑바닥에서 하룻밤사이에 성공했다는 이야기는 흔하지 않습니다. 쉽게 성공하면 쉽게 잃어버리기도 하고, 시련과 상처 받지 않고 성공하기는 힘들고, 희생 없이 성공한 경우는 그리 오래 가지 않습니다.

만일 여러분이 가족의 든든한 뒷받침, 집안의 배경과 학벌 등의 네트워크가 없이 성공하려면 더욱 노력해야 합니다. 1백 퍼센트의 노력과 강한 집중력이 필요하고, 때론 주변의 경쟁자들은 더 똑똑하고, 더 예쁘고, 더 능력이 있습니다.

그러나 뜻이 있는 곳에 길이 있다는 격언은 언제나 들어맞습니다. 꿈을 성취하는 것, 원하는 인생을 살게 될 지의 여부는 오로지 자신의 손에 달려있습니다.

우리 인생은 예기치 않은 일들로 가득 차 있습니다. 우리에게 일어난 많은 일이 운명의 조종을 받는 것만은 아닙니다. 모두들 작은 꿈을 꾸지 말길 바랍니다. 왜냐하면 꿈이란 사람의 마음을 움직이는 힘을 가지고 있기 때문이죠.

크게 생각하고, 크게 꿈을 꾸어보세요. 하고 싶은 일을 한다면 시간을 낭비하지 않는 것이고 먼 훗날 후회하지 않을 것입니다. 인생은 롤러코스터입니다. 역경이 있기에 인생은 더 흥미진진해지니까요. 그러니 모든 이들이 자기만의 꿈을 갖고 그걸 좇았으면 합니다.

클로이 조

저는 클로이 조가 비극적인 사건들과 자기 회의를 극복하고 미디어 세계의 스타가 된 과정을 담은 이야기에 감동받았습니다. 그녀는 우리 모두가 '힘든 상황을 딛고 일어나라'라는 교훈을 주며, 우리가 고난과 불행에 직면하더라도 인간미 있고 진실한 사람으로 성장할 수 있음을 보여주고 있습니다. 그녀의 이야기야말로 인간 정신의 승리를 담고 있습니다.

아난드 마힌드라(Anand G Mahindra)
마힌드라 그룹 회장(Mahindra Group Chairman)

클로이 조의 첫 책의 발간을 진심으로 축하합니다.

전 세계를 무대로 활동하면서 항상 겸손한 자세로 열정적으로 일하는 클로이 조가 앞으로도 국제적인 방송인으로서, 최고의 메인 앵커로 활약하며 한국인의 위상을 높여주기를 기대하고 응원하겠습니다.

윤부근, 삼성전자 소비자 가전부문 사장

클로이 조는 국제적으로 성공한 몇 안 되는 한국의 저널리스트입니다. 늘 활기찬 모습으로 사람들을 설득시키는 강인함의 소유자인 그녀의 첫 책 발간을 축하하며 의심할 바 없이 성공작이 될 것이라 기대합니다.

마틴 쑹(Martin Soong), CNBC Asia 앵커

클로이 조는 말 그대로 방송인의 정석입니다. 사람들은 그녀의 말을 귀 기울여 듣곤 합니다.

어린 시절의 큰 사고를 딛고 일어나서, 열정과 인내와 노력으로 업계에서 성공한 그녀의 이야기를 잘 알고 있습니다. 그녀는 순종적일 것이라는 동양여성에 대한 편견을 과감하게 깨고, 삶을 스스로 개척하며 모든 여성들에게 영감을 주고 있습니다. 내 친구 클로이가 언제나 자랑스럽습니다.

샤론짓 레일(Sharanjit Leyl), 인터내셔널 뉴스 저널리스트

이 책에 담긴 나의 동료인 클로이의 이야기는 제 마음을 사로잡고 깊은 영감을 주었습니다.

그녀가 가진 재능과 열정이 제게 깊은 인상을 주었던 것처럼 독자에게도 영감을 주리라 믿습니다. 그녀는 겸손함과 용기, 추진력으로 글로벌 저널리즘의 정상에 설 수 있었습니다. 그녀의 열정이 담긴 이 책을 추천하고 싶습니다.

데브라 다허티(Debra Daugherty), 전 CNN 앵커 겸 시니어 에디터

더 큰 세상으로 나가길 꿈꿔라

난 성숙한 인생은 40대부터 시작된다고 생각한다. 지나고 보면 알겠지만 20대는 아직 미숙하고 불안정한 시기이다. 그리고 수입 면에서도 자리가 잡히지 못하고 불안정하지만, 점점 시간이 지날수록 꾸준히 노력한다면 커리어나 재정적인 면에서 상황이 좋아진다.

결혼 문제만 해도 그렇다. 아직도 사회 관습 때문에 많은 여성들이 서른도 되기 전에 결혼을 서두른다. 그러나 이혼이 점점 많아지는 세상에서 누군가 옆에 있어서 혹은 나이가 드는 것이 두려워서 서둘러 결혼을 하기 보다는 신중하게 선택하는 것이 좋다.

안정적이고 행복한 40대를 맞이하려면 20대, 30대부터 준비해야 한다. 20대에는 인생의 목표를 찾고 나만의 길을 모색해야 한다. 20대와 30대를 누구보다 열심히 살다 보면 40대에는 새로운 세상을 맞이할 것이다.

우리 삶에서 변화는 하루아침에 일어나지 않는다. 소망을 가지고 꿈을 추구한다면 5년, 10년 후에 지금보다 더 멋진 사람이 되어있을 것이다. 이 책이 자신의 삶을 조금이라도 바꾸고 싶은 이들, 글로벌 세상으로 진출하고 싶은 꿈을 가진 이들에게 도움을 주었으면 한다. 또한 변화를 향한 발걸음을 내딛는 이들의 삶 속에 작은 씨앗을 심어주는 역할을 했으면 한다. 그리고 그들 모두에게 격려를 보내고 싶다.

이 책을 나의 가장 큰 지지자이자 날카로운 비평가이셨던 부모님에게 바친다. 그분들의 희생과 헌신이 없었다면 지금의 내가 있을 수 없었을 것이다. 부모님은 내가 방송국에서 일하는 걸 처음에는 반기지 않았지만 나중에는 전폭적인 지지를 보내주셨다.

방송을 하면서 만난 많은 이들의 삶이 나를 감동시켰고 내 삶에 자극을 주었다. 전 세계에서 온 이들과 우정을 나누었고 그들로부터 도움을 받기도 했다. 그들 모두에게 감사한다. 커리어에 있어서 내게 도움을 주었던 모든 이들과 직장 동료에게도 감사하고 싶다. 그리고 이 책을 발간해준 출판사 관계자, 많은 도움을 주신 David Williams, 나의 동반자 Stephane, 또 날 사랑하고, 내가 사랑하는 사람들에게 이 책을 통해 감사를 표하고 싶다.

2014년 12월 클로이 조

Contents

CHAPTER 03 클로이의 Life Lesson I
프로페셔널의 자기 관리 노하우

CHAPTER 01

자신의 운명을 선택하기

대학생 방송인에서
프로페셔널이 되기까지

On Air, 싱가포르
채널뉴스아시아 스튜디오에서

◉

2004년 12월말 싱가포르 채널뉴스아시아(Channel NewsAsia) 방송국 스튜디오, 드디어 내가 진행하는 프로그램의 생방송이 끝났다. 온 몸의 세포가 이완되면서 몸과 마음의 긴장이 풀어지기 시작한다. 이렇게 늘 긴장의 연속인 방송 일에 몰입하고 난 뒤에, 온 몸이 지치고 마음도 기진맥진한 날에는 우리 집 침대에 다리를 쭉 뻗고 누워서 일에서 해방되는 순간을 꿈꾸게 된다.

싱가포르에 본부를 두고 있는 아시아 지역의 최대방송국 중 하나인 채널뉴스아시아(Channel NewsAsia), 2004년 이곳에서 일하게 된 이래, 나의 하루는 늘 분주하게 흘러갔다. 매일 여러 건의 인터뷰, 매주 진행하는 시사프로그램의 외부 촬영, 주말에는 다큐멘터리 프로그램의 녹음을 하고, 뒤이어 생방송 뉴스까지 숨 돌릴 틈 없이 지나갔다.

그날도 하루 중 세 번째 뉴스를 진행하고, 광고시간이 다가오고 있었다. 난 방송이 광고로 넘어가자 카메라 위에 있는 디지털시계를 보며 남은 시간을 세고 있었다.

'이제 18분 후면 난 집에 가게 된다.'

다시 빨간색 '온에어' 신호가 켜지자 나는 다시 집중하며 프롬프터를 읽었다.

(CHLOE)

Coming up on World Today. New York Times reporter Judith Miller is behind bars for refusing to reveal her sources. Is this a case that pits journalistic integrity verses national security?

'월드 투데이'는 광고 후에 계속 됩니다. 뉴욕 타임스의 리포터 주디스 밀러가 정보원을 밝히지 않겠다고 하여 구속되었습니다. 언론과 국가 안보의 대립인 것일까요?

광고 후, 갑자기 속보 화면으로 넘어갔다.

(BREAKING NEWS - AD LIB) 속보-애드리브
런던에서 온 속보를 전해드립니다. 영국 지하철에서 연쇄 폭발이 일

어나서 러시아워의 시민들이 피해를 입었습니다. 런던 지하철에서 발생한 잇단 세 번의 폭발은....... 이제 네 번째 폭발이 태비스톡 광장의 2층 버스에서 발생했다고 합니다. 버스는 마블 아크에서 해크니윅을 향하고 있었다고 합니다. 채널뉴스아시아는 런던 특파원 케이트 배리와 연락을 취하려 하고 있습니다만 도시 전체의 전화선이 전부 차단되어 연락을 취하기가 어렵습니다.

현지 특파원과 연결에 성공해서 현재 상황을 알려드립니다. 케이트, 태비스톡 광장의 버스 폭발 현장에서 2백미터 거리까지 갔다고 들었는데 그쪽 상황은 어떤지 말해주세요.

케이트: 클로이, 런던의 대중교통이 공격을 당하고 이곳은 완전히 대혼란에 빠져있습니다. 테러 공격으로 인해 많은 런던 시민들이 동요하고 있습니다만 용감하게 대처하고 있습니다. 평소 같은 일상을 보낼 것이라고 합니다. 제가 여기까지 오는 길에 이야기를 나눈 몇 분은 테러리스트들이 삶을 흔들어놓지 못할 것이고 런던의 정신은 아직도 살아있다며 단호히 말했습니다. 그렇지만 이러한 공격이 런던의 심장부에 준 충격은 무시하기 힘들겠지요.

속보는 이렇게 갑자기 치고 올라온다. 미리 예상할 수가 없기 때문에 항상 힘들고, 아무리 준비해도 실수 없이 방송되기는 힘들다. 텔레비전 앵커, 진행자로서 모든 면에서 가장 어려운 임

무 중 하나이다. 특히 정신적으로, 육체적으로, 심리적으로 힘
든 것은 이런 속보가 언제 어디에서 어떻게 일어날지 모른다는
것이다.

사전에 제작되고 짜여지고 대본이 나오고 계획이 되어있는
정규 뉴스 방송과는 다르게 속보 관련 생방송은 망망대해에 알
몸으로 던져지는 것과 비슷하다. 종종 감에 의존해야 해야 하고
휴식 없이 몇 시간씩 계속 방송하기 위해 내 몸 안에 흐르는 아
드레날린에 의지해야 한다.

익숙하지 않은 주제를 다루게 될 때엔 독서를 많이 하고 다방
면에 높은 수준의 지식을 가지고 있는 것이 확실히 도움이 된다.
그러나 뉴스 진행 내내 감정을 드러내지 않는 것이나 재해로
인한 피해 현장이나 상상을 초월한 재난 현장을 보고도 감정을
드러내지 않고 방송하는 것은 종종 힘이 든다.

시간이 갈수록 뉴스 진행자로서 이런저런 충격적인 소식을
전하고 비극을 전하는 일에 요령이 생긴다. 때론 보도하는 뉴스
자체에 감동받기도 한다. 그럼에도 불구하고 사건들이나 카메
라 렌즈 너머의 압박감에 개의치 않고 객관성과 침착함을 유지
하려고 최선을 다하게 된다.

모든 과정이 순식간에 발생하고, 일어나는 모든 일에 잘 대처
해야 한다. 그래서 보도를 하는 도중에 귀에 꽂고 있는 장치를

통해서 스튜디오 안의 소란이 들려와도 최대한 침착해야 한다. 보도를 마치고 나면 나름대로의 요령이 생기므로, 이런 생방송의 미덕은 항상 겸손해야 한다는 것이고, 늘 다음번에는 더 잘하려고 노력하게 된다는 점이다.

* * * *

속보로 인해서 휴식 없이 세 시간 내내 생방송을 진행한 후에는 세트장에서 비틀거리며 내려왔고 뉴스 룸으로 돌아갈 때 다리가 후들거렸다. 이 세 시간의 기록은 당시 방송국 사상 가장 긴 생방송으로 기록되었다.

내 자리로 가고 있는데 갑자기 박수소리에 어안이 벙벙해졌다. 동료들이 책상에서 일어나 나를 향해서 기립박수를 치고 있는 것이었다.

"브라보! 클로이, 이런 체력과 실력은 채널뉴스아시아 사상 최초에요."

한 스포츠 프로듀서는 이렇게 칭찬했다.

"당신 같은 사람이 정말 필요해요. 열렬한 팬이에요!"

동료 아나운서인 샤론은 내 등을 치면서 이렇게 말했다.

이들의 칭찬이 내 피로를 덜어주었지만 그 와중에도 통로 반대편에서 날 차갑게 쳐다보고 있는 몇 사람이 있었다. 이게 인생이다. 누군가는 칭찬받고 누군가는 그걸 지켜보며 질투한다. 그 방송은 채널뉴스아시아 방송국에서 향후 몇 년간 방송의 지표가 되었다.

채널뉴스아시아에서 일하는 동안, 국제적으로 크고 작은 사건들이 연이어 일어나고 있었다. 늘 뉴스가 엄청나게 쏟아져 나왔다. 크고 작은 지진, 2004년의 쓰나미 재연의 징후들, 런던 중심가에서부터 발리 리조트까지 일어나는 숱한 테러들, 이제 테러는 국제뉴스의 핵심이 되었다.

우연히도 지진, 테러, 자연재해, 정치 뉴스 등 속보가 일어나는 순간은 항상 내가 진행하던 시간대였다. 그래서 편집실에는 내가 들어갈 때 항상 속보를 준비해야 한다는 농담까지 돌 정도였다.

국제 뉴스 등 메인뉴스를 진행하면서 길거리에서나 행사장, 택시 등 어디를 가든 사람들이 나를 알아보게 되었다. 내 사진이 잡지에 실렸고 개막식, 런칭 행사, 패션쇼 등 큰 행사의 초대장이 자주 날아왔다. 게다가 제품의 스폰서 제안이 들어왔고 헤어, 메이크업, 옷, 스킨케어, 심지어 유명한 브랜드에서 제공하는 마사지까지 머리부터 발끝까지 필요한 모든 것을 협찬해주었다.

어떤 날은 고급 화장품이 연달아 집으로 배송되었는데 난 받

은 화장품을 여기저기 주변에 나누어 주었다. 물론 인생에 공짜
는 없다. 동전의 양면처럼 방송에서 주목받는 것은 일에 더 집
중해야만 한다는 것이고 난 밤낮으로 일했다.

* * * *

어느 날 새벽 3시에 핸드폰이 울렸다. 무슨 일이 일어났다는
것을 느꼈고 당장 핸드폰을 집어 들었다. 전화를 건 사람은 보
도 국장이었다.

"클로이, 지금 방송국으로 올 수 있어요?"

그가 몇 초 뜸을 들이더니 말했다.

"지금 당장이요?"

내가 물었다.

그는 이른 시간에 나를 부르는 것이 미안한지 약간 망설이듯
말했다.

"네, 가능한 한 빨리요."

"무슨 일이 생긴 건가요?"

"태국의 정치 상황이 굉장히 불안해서 속보 방송을 편성하려
고 해요."

나는 침대 밖으로 뛰쳐나가 방송국으로 갈 준비를 했다. 빨리

화장을 하고 머리를 매만졌다. 헤어와 메이크업 팀이 지금 이 시간에 방송국에 와있을 리는 없었고 무작정 택시를 불러 회사로 향했다.

　택시 안에서 난 한숨을 크게 쉬고 앞으로 닥칠 상황에 대응하고자 정신무장을 했다. 택시 창문 너머의 어둠을 응시하며 내 인생이 어떻게 흘러가고 있는지 생각했다. 새벽 세시 반인데 나는 일을 하러 가고 있었다.

죽음의 문턱에서 두 번 살아남다

○

Life is about pursuing a dream or a vision.

삶은 비전이나 꿈을 좇는 것이다.

No matter how big or small, how great the obstacles,

nor how remote or unrealistic that notion may appear.

큰 꿈이던 작은 꿈이던, 얼마나 큰 장애물이 있던,

또는 그 생각이 얼마나 멀거나 비현실적으로 느껴지던.

"넌 마치 코니 정 같아."

초등학교 5학년 생물 시간에 발표를 한 뒤에 동급생들로부터 받았던 기립 박수로 힘을 얻었던 작은 여자아이는 한 친구가 했던 말을 아직도 기억한다. 앵커가 되고 싶던 나의 꿈을 어떻게,

어디서 이루어 가야할 지도 몰랐고 목표만 거창하게 느껴졌다.
그러나 난 밤낮으로 앵커가 되어 방송에 등장하는 꿈을 꾸었다.

"넌 할 수 없어."

내 꿈을 말하면 누군가 이렇게 말하며 날 실망시킬까봐, 입 밖에 조차 내지 않았던 꿈이었다. 내겐 희망이 없다고 말하며 내 꿈을 좌절시킬 것이라는 두려움 때문에 난 누구에게도 이 꿈에 대해 말할 엄두도 내지 않았다. 심지어 내 가족들에게조차도 말이다.

우리 가족은 아버지의 근무지를 따라 미국으로 건너가서 남부 캘리포니아에서 살게 되었다. 난 종종 거실에서 CBS 저녁 뉴스를 보곤 했다. 그때 난 미국의 거대 방송사에서 뉴스앵커가된 중국계 미국인 코니 정에게 매료되어 있었고 그녀가 하고 있는 일을 하고 싶었다.

그녀에게 너무 빠져있어서 수업 중에도 방송국에서 앵커를 하면서 인터뷰를 하고 해외 출장을 떠나는 내 자신을 혼자 상상하곤 했다. 물론 내가 그 일에 적합한지, 재능이 있는지는 생각조차 하지 않았다.

그런 어느 날, 두 번의 생사를 가를만한 큰 사고가 터졌다.
중학교 1학년 무렵 캘리포니아 맘모스 산에서 일어난 스키 사고였다. 눈 덮인 산 정상에서 고립되어서 살아남으려고 벌벌 떨면서 사투를 벌이다가 스스로 죽었는지 살았는지 확인하려고 나를 몇 번이나 꼬집었던 것을 선명하게 기억한다. 그 스키 사고로 혼수상태에서 뇌진탕과 엉덩이 꼬리뼈에 금이 가고 왼쪽 팔다리에 심한 동상을 입었다. 진단결과 병명이 17개가 나왔다.

엄청난 눈보라 속에서 산 정상을 내려가다 메인 코스로부터 벗어나 출입금지 구역으로 떨어진 것이었다. 다행히 나를 구해주었던 그 사람이 아니면 난 지금 이 세상에 없었을 것이다.

수술을 마치고 혼수상태에서 깨어났지만 마치 할리우드 영화처럼 기적같이 회복하는 일은 없었다. 내 왼쪽 팔과 다리의 감각을 되찾을 때까진 몇 달이 걸렸기에 지팡이를 사용하여 절뚝거리며 학교에 다녀야 했다. 엄청난 사고로 인해서 외모에도 변화가 왔다. 외모에 민감한 십대 시절에 난 수술로 인해 머리를 깎았고, 그걸 숨기기 위해서 잘 맞지 않는 가발을 썼다.

겨우 사고에서 회복되고 있을 즈음, 또 다른 사고가 일어났다. 록 콘서트에 가려던 운전자가 몰던 차가 빨간불을 무시하고 내가 탄 차를 들이받았다. 당시 어머니가 운전대를 잡고 있었고 난 집이 가까워졌기에 안전벨트를 풀고 있었다.

이 사고로 몸이 자동차 유리에 부딪히고, 머리를 유리창에 박았다. 당시 난 뇌진탕으로 회복되던 중이어서 다시 부상을 입었을까봐 MRI와 CT촬영과 수십 개의 검사를 받았고, 이후 물리치료를 1년간이나 받아야 했다. 그 후에도 급성 맹장염으로 또 수술을 받게 되는 등, 인생이 꼬여가던 시기였다.

잇따라 큰 사고를 겪으며 난 내 인생이 꼬여있고 순탄하게 살지 못할 운명이라서 일찍 죽게 되거나 병원에서 생을 마감할 거라고 생각했다. 게다가 설상가상으로 당시 우리 집이 경제적으로 쪼들려 가고 있었고 그 때문에 부모님은 계속 싸우셨다. 집안 형편이 나빠지는 상태에서 내 비싼 병원비는 큰 부담이었다. 부모님이 세 언니들을 대학에 보내려고 하고 있었기에 경제적으로 더 압박이 심했던 것 같다.

특히 내가 입원했던 시기는 아버지가 MBA를 따기 위해 일을 잠시 쉬고 있던 때였기에 타이밍이 그렇게 나쁠 수가 없었다. 게다가 내 병원비는 의료 보험에 포함되지 않았기에 우리 집은 경제적으로 더 힘들었고 그 때문에 난 죄책감이 들었고 건강하게 살고 싶다는 소망이 간절했다.

두 번의 큰 사고(거의 죽음에 이르게 했던 굉장히 충격적인 스키 사고와 그 후에 일어난 몇 달 간의 치료가 필요했던 자동차 사고)의 영향으로 퉁퉁 부어있는 상태로 학교 수업을 견디고 있었다. 이 엄청난 사고는 일 년도 안돼서 연속해서 일어났고 부모님이 나를 미국에서 한국으로 데려오신 이후로 새로운 환경에 적응하려고 발버둥을 치고 있을 무렵이었다.

하지만 희미한 희망이 작은 기적을 통해 일어났다. 용기를 내라는 신의 뜻인지 한국으로 귀국한 후인 중학교 3학년 무렵, 난 학교를 대표해서 EBS교육방송에 출연하게 되었고 그로인해서 잠시 동안 유명인사가 되었다. 그 일은 내가 큰 사고로 죽음의 문턱에 이른 후에 생긴 외상 후 스트레스 장애와 우울증에 시달릴 때 내게 힘이 되어주었다. 그로 인해서 나는 육체적인 고통과 정신적인 어려움을 극복하게 되었다.

그 후 고등학교 2학년 때의 일이다. 내가 학교 기념일 홍보 비디오에 출연자로 뽑힌 것이다. 수업도 빠지고 오후 내내 카메라 앞에서 촬영했는데 그땐 아무런 대사도 없었고 그저 감독의 지시에 따라야만 했다. 그러나 그 경험 때문에 난 다시 방송계 진출의 꿈을 꾸게 되었다.

지금도 신기한 것은 두드러진 외모도 아니었던 내가 어떻게 그 비디오에 출연자로 발탁되었는지 궁금하기만 하다. 아무튼 비디오 출연 이후로 난 자신감이 생겼다. 세상일이 참 오묘한 것이 이런 작고 사소한 일이 내게 큰 힘이 되어주었다는 사실이다.

그 후 내가 방송 일을 본격적으로 시작한 것은 대학교 1학년 때였다. 우리 학교 교수님의 추천으로 EBS교육방송에서 프랑스어 교육프로그램에 출연했던 것이다. 그 이후 방송일이 들어오기 시작했다. KBS에서 연락이 와서 아침방송에서 요리를 하면서 영어 표현을 가르치는 '손쉬운 영어(Easy-does-it English)'라는 타이틀의 짧은 코너를 진행하게 되었다. 미국문화를 가미하면서 여자들이 좋아할만한 요리를 넣은 코너였다.

정신없는 스케줄로 남대문 시장을 찾아다니며 재료를 찾고 집에서는 요리법을 연구하고 스크립트를 짰다. 한밤 중에 침대에 쓰러지기 전까지 대사를 정리하고 리허설을 했을 정도로 고작 3분짜리 코너인데도 많은 시간과 노력이 필요했다.

그런 어느 날, 내가 하는 프로그램에 출연 중이던 마이클이란 중년의 미국인을 만났다. 그는 미군의 민간 컨설턴트로 일하던 전직 정보교관이었다. 마이클은 나의 목소리를 칭찬하며 음성녹음하는 일을 해보라고 소개해주었다.

강남에 위치한 녹음 스튜디오에서 나의 첫 녹음을 성공적으로 마친 이후에 내 목소리를 활용해서 녹음하는 수많은 일이 밀려들었다. 학술서, 영어 교육 대본, 어린이 소설, 회사 발표문, 중고등학교 영어 듣기 평가 시험 등 녹음이 가능한 거의 모든 일이었다.

몇 달 후에는 더 엄청난 일이 밀려들었다. 텔레비전 광고, 만화 '달려라 하니'와 '아기공룡 둘리' 같은 애니메이션의 영어 제작과 CD로 발매되었던 찬트와 동요를 부르는 일에도 참여했다. 그러면서 마치 1인 기업가처럼, 녹음스튜디오, 프로덕션, 방송국으로부터 직접 프로젝트의 제안을 받게 되었다. 시간제 일이 아니라 큰 프로젝트 단위의 액수로 수입이 늘어났고 점점 그 프로젝트의 감독, 지도, 품질관리까지 맡게 되었다.

대학을 졸업하고 나서도 많은 제작사들과 함께 대형 프로젝트를 성공적으로 마무리했고 그에 따른 금전적인 보상도 컸다. 하지만 내 나이보다 훨씬 많은 회사대표들과 임금협상을 해야 한다는 것이 늘 부담스러웠다.

당시 내 나이가 대학을 갓 졸업한 23, 24살 무렵이어서 사람들이 내 나이를 알고 나면 무시할까봐 28살, 혹은 30살이라고 거짓말하기도 했고 더 성숙해 보이는 옷을 입고 강하게 행동하며 온전히 내가 내 인생을 책임진다는 각오로 일했다. 그렇게 미친 듯이 일하다보니 어느덧 시간이 흘렀고 내가 하는 일을 과연 언제까지 할 수 있을까 하는 의구심도 들었다.

1995년에 대학을 졸업하고 1년이 지난 1996년 즈음의 일이었다. 내 운명을 바꾼 순간이 다가왔다. 한국에서도 미국의 CNN처럼 24시간 영어로 방송되는 채널이 생긴다는 것이다. 그 방송을 소개하는 신문 전면광고를 보는 순간, 내게 새로운 세상이 펼쳐질 것 같다는 강한 확신이 들었다. 그리고 난 당장 동참하고 싶었다.

신문 전면 광고의 하단에는 굵은 글씨로 이렇게 쓰여 있었다.

'Apply now. We are hiring!' (지금 지원하세요. 채용중입니다.)

최초의 국제방송, 아리랑TV에 입사하다

◉

1996년 어느 이른 겨울날 아침, 강남의 한 건물 앞에서는 긴 줄이 끊임없이 이어졌다. 흰색 8층 건물, 새로 개국하는 영어 방송국(아리랑 TV)이 임시 입주한 건물이었다.

잘 차려입은 정장 차림의 지원자들이 자신의 화려한 경력을 자랑하며 방송국에 지원하기 위한 긴 줄을 섰다. 그들 중 대다수가 MIT, 하버드, 옥스퍼드 대학교 출신으로 화려한 학벌을 자랑했다.

역시 길게 줄을 선 지원자 가운데 중간 중간 보이는 외국인들은 한국어와 영어를 섞어 쓰며 자기 차례를 기다리고 있었다. 나 역시 이들과 함께 지원자로서 긴 줄에 서있으니, 별 생각이 다 들었다. 엄청난 지원자의 행렬이 말해주듯 24시간 영어 방송국에 대한 엄청난 기대와 열기가 뿜어져 나왔고 난 그 엄청난 지원자를 보며 갑자기 허탈해졌다.

내 앞에 줄 서 있던 TV앵커처럼 보이는, 단발머리에 명품스카프, 검정색 고급 롱코트를 입은 여자에게 말을 건넸다.

"지금 방송국 시험을 보려고 줄 서계신 건가요?"

내가 이렇게 물었다.

"네. 날씨도 추운데, 서있는 건 싫지만 그래도 하는 수 없죠."

이렇게 무뚝뚝하게 여자가 말했다.

"최종 인터뷰에 가고 입사하기까지 몇 퍼센트의 확률 같아요?"

내가 엄청난 줄에 압도되어서 이렇게 묻자 그녀는 꽤 자신 있게 한마디 했다.

"글쎄요, 제 학점은 4.0이고 춘천 MBC의 시사 코너에서 진행자로 일했어요. 대학시절, 여름방학 때마다 UC 버클리에서 영어 연수를 했기 때문에 나도 가능성이 있다고 생각해요."

그녀의 자신만만한 대답을 듣자 반대로 내가 점점 자신감이 없어졌다. 잠시 후에 3층으로 사람들이 안내되었고 약 세 시간 동안 최신 시사문제, 영한 번역과 한영 번역, 그리고 뉴스 기사 작성 등의 시험을 봐야 했다. 난 시험을 치르며 속이 울렁거렸다.

시험을 마치고 피곤해서 비틀거리며 나오는데 복도에 있는 사람들이 수군거렸다.

"필기시험은 단지 시작일 뿐이라는데."

필기시험에 통과하는 사람들은 카메라테스트와 몇 번의 인터뷰 그리고 최고 경영자와 대면 인터뷰를 해야 한다는 것이었다. 내 입에서 저절로 큰 한숨이 나왔고 괜히 자신감도 없고 패배감이 들어서 집으로 돌아왔다.

* * * *

몇 주가 흐르고, 난 '마이TV'라는 케이블 채널에서 어린이 영어 프로그램을 찍고 있었다. 휴식 시간 중에 화장을 고치고 있었는데 핸드폰이 울렸다. 전화를 받자 반대편에서 남자의 목소리가 들렸다.

"한국 국제방송재단입니다. 필기시험에 통과하신 것을 알려드립니다. 이번 주에 카메라 오디션에 나올 수 있으세요?"

그의 말에 내 가슴은 뛰기 시작했다.

마침내 카메라 테스트를 받던 날, 그 수천 명 중에서 과연 몇 명이나 통과하였을지 궁금해 하며 강남의 테헤란로로 차를 몰고 갔다. 건물 지하에 차를 주차하고 나서 크게 심호흡을 하고 승강기로 올라갔다.

대기실 문이 열리자 내가 예상했던 것 보다는 적은 수의 사람이 있어서 안심했다. 내 차례라는 말이 들리자 난 지시받은 대로 작은 스튜디오에서 텔레프롬프터로 뉴스를 읽었고 십여 명의 남자 간부들이 조정실에서 나를 지켜보았다. 이미 난 방송 경력자였지만 이런 테스트는 받아본 적이 없기에 저절로 식은 땀이 흘렀다.

테스트를 받으면서 내 모든 것을 보여준다는 각오로 최선을 다했고 이제 모든 것은 내 손을 떠나있었다. 그리고 얼마 후에 인터뷰를 하러 오라는 연락을 받았다.

"인터뷰는 두 단계로 진행됩니다. 우선 고위 프로듀서들과 경영진과의 인터뷰, 두 번째, 세 번째 단계는 최종 단계 합격자에게만 실시되는 아리랑 TV CEO와의 1대 1 인터뷰로 진행됩니다."

담당자가 앞으로 진행될 인터뷰 과정을 설명해주자 갑자기 긴장이 되었다. 인터뷰에서 앞으로 같이 일하게 될 사람들에게 내가 누구인지 알리고, 나를 왜 채용해야 하는지 알려야 하고, 내가 방송에서 해냈던 일들과 나의 잠재력과 내가 꼭 필요한 이유를 설득해야만 했다. 이 모든 것이 순조롭게 풀리면 난 최종 선발자로 뽑히는 것이었다.

면접 당일 날, 프로듀서들과 경영진들과의 인터뷰는 부드럽게 흘러갔다. 중년의 여성 프로듀서는 나의 열정과 에너지가 마음에 든다고 이야기했고 남자 경영진은 내가 뉴스와 제작 두 방면에 완벽히 맞을 것이라고 말했다. 이들의 말을 듣고 난 합격에 대해서는 안심이 되었다.

그리고 마지막 관문인 CEO 인터뷰가 남았다. 13층에 있는 CEO 집무실로 안내되었고 CEO와 면담을 하려면 더 기다려야 했다.

기다림 끝에 인터뷰를 위해 방에 들어서자 창문을 등지고 앉아있는 신사가 보였다. 고급스러운 회색 슈트에 영어와 한국말을 섞어 쓰는 그 신사가 바로 CEO이었다. 그의 건너편에 놓인 빈 의자에 앉는 순간 그가 내게 말했다

"면접하던 직원에게 깊은 인상을 남겼나봅니다."

그러면서 그는 내게 CNN이나 BBC와 어깨를 나란히 하는 국제 뉴스 채널을 목표로 하고 있으며 최고의 방송을 만들 거라고 자신했다. 이 방송국이 남북 관계는 물론이고 남북 평화에 이바지 하고 싶다고 말했다. 당시 남북 관계는 긴장상태가 심각했고 미국의 빌 클린턴 대통령이 북한 영변의 핵시설 공격까지 고려했을 정도로 악화된 상태였다.

"입사한다면 앞으로 굉장히 많은 일을 해야 할 겁니다."

인터뷰가 계속되며 대표는 이렇게 강조했다.

"그런 목표를 이루려면 유능한 사람들이 필요하겠네요."

내가 재치 있게 말했다.

나는 웃으며 내가 대학 시절부터 해왔던 일들에 대해 설명했고 무엇을 추구하고 싶은지, 또 내가 어떻게 그 일을 할 것인지 이야기했다. 그리고 나는 한 가지 제안을 했다. 내 경험을 총 동원해서 진행자 겸 기자로서 뉴스 부서에서 일하고, 제작팀의 일부로 프로그램을 만들고, 다큐멘터리 프로그램, 광고 녹음 하는 일에 참여하고 싶다고. 그리고 애니메이션을 영어로 제작하는 것도 돕고 싶다고 말했다.

그는 내 제안을 듣고 흥미로운 눈으로 나를 보았고 그리고 무언가 결정을 한 거 같았다. 그리고 난 경력자로서 채용되었다.

출근 첫날, 새로운 방송국에 대한 기대와 희망에 부풀었다. 첫 출범하는 방송국이기에 할 것이 너무도 많았지만 창립 멤버라는 사실이 자랑스러웠다. 꿈의 직장이란 생각이 들며 이곳에서 은퇴할 때까지 일할 거라는 기대에 부풀어 있었다.

근무조건도 훌륭했고 내 커리어가 이곳에서 꽃피기를 희망했으며 대부분의 동료가 2개 국어를 구사하는 능력자라기에 그들과 같이 일한다는 기대에 부풀었다. 입사하는 첫날은 마치 세상 꼭대기에 서있는 느낌이었다.

완벽하게 보이는 모든 환경들, 난 승강기 문이 열리자 심호흡을 하고 천천히 걸어 들어갔다.

아리랑TV에서의 몇 년은 내 인내심을 테스트하는 시기 같았다. 하루 일과를 2교대에서 3교대까지 하면서 보도에서부터 제작, 프로그램 편성 부서를 오가며 종횡무진 일했다. 매일 새벽 3시, 4시에 일어나는 것도 아무렇지 않았다. 게다가 늦은 교대는 심야 방송 때문에 새벽 1시쯤에 끝났다.

뉴스는 비가 오건 눈이 오건, 심지어 공휴일에 조차 계속되기 때문에 개인적인 삶을 유지하기도 힘들었다. 방송업계가 매력적이고 화려할 것이라는 일반적인 인식과는 달리 방송일은 그야말로 하드워킹 시스템이고 방송제작은 너무나 많은 체력을 요구한다. 아이템 구상 잡기부터 조사, 글쓰기, 찍기, 편집, 그리고 결과물을 내놓기까지 제작과정에 엄청난 노력이 필요하다.

시간이 흘러감에 따라 나는 개인적인 갈등, 힘든 스케줄, 빡빡한 마감을 처리하며 일하는 법을 배웠다. 그러나 이때의 힘들었던 시간이 내 앞날에 도움이 되었고, 기초가 되었다고 믿는다. 만일 그 엄청난 인내의 시간이 없었더라면 나는 그동안 겪었던 차가운 시선, 경쟁, 비꼬는 말 등 뉴스 룸에 들어갈 때마다 부딪히는 갈등의 순간들을 겪어내지 못했을 것이다.

아이러니하게 들릴 테지만 가장 힘든 경험이야말로 나를 강하고 현명하게 만들었다. 나는 이 시간동안에 아주 귀중한 교훈을 배웠다. 그래서 인생에 나쁜 경험이란 없다. 우리가 그

고난을 어떻게 극복하느냐는 하는 것에 대한 문제이다. 그리고 우리는 고통과 시련을 겪으며 성장하고, 잠재력을 발휘하게 된다.

911 테러, 운명의 날

⊙

2001년 여름, 늘 긴장된 방송국 생활에서 한 발짝 떨어지고 싶어서 난 파리로 휴가를 떠났다. 파리에서 휴식하면서 맛있는 음식을 먹으며 교외의 풍경에 흠뻑 젖어있던 시간들이 흘러갔다.

느긋하게 몸과 마음의 휴식을 취했던 2주간의 휴가가 끝나고 다시 서울로 돌아온 후, 난생 처음으로 일 이외에 과연 내가 원하는 건 무엇인지 생각했다.

인생에서 좋은 건 영원하지 않다는 속담처럼 일상으로 돌아온 어느 날, 자정이 지난 시간이었다. 갑작스런 벨소리에 잠이 깼다. 놀라서 휴대폰을 집어 들었다.

"여보세요?"

전화를 건 사람은 보도 국장이었다.

"늦은 시간에 전화해서 미안해요. 지금 회사로 와줄 수 있어요?"

그의 말에 난 놀랐다. 너무 이른 시간이기 때문에 불길했다.

"지금이요? 어차피 조금 있음 회사에 갈 텐데, 무슨 일인가요?"

"지금 뉴욕 국제무역센터가 붕괴되었어요. 비행기 충돌이래요. 지금 방송 준비 중이고, 생방송을 시작하려고 해요."

난 한밤중의 이 불길한 전화를 받아야 했다. 사실 이제 잠자리에 든 지 한 시간 밖에 안 된 시각이었다. CNN 방송에서 비행기가 국제무역센터 건물과 충돌하는 생생한 장면을 목격했다. 방송 화면에서 사람들이 경악해서 이리저리 뛰어다니는 모습, 그리고 폭파 현장의 놀라운 모습에 난 충격에 휩싸였다.

언니를 만나러 가던 뉴욕, 이제 그곳은 왠지 예전과는 달라질 것이라는 사실에 슬픔과 충격으로 가득 찼다. 뉴욕은 이제 예전과는 다르고, 이런 테러는 언제 어디서나 일어날 수 있는 일이었다.

비극적인 전화를 받고, 난 무거운 마음으로 침대 밖으로 뛰쳐나가 물건을 챙겨서 얼른 회사로 차를 몰았다. 회사에 도착하니 이미 헤어와 메이크업 담당 스텝들도 방송 준비를 위해서 기다리고 있었다. 그녀들은 내게 힘없이 미소 지으며 말했다.

"생방송이니 얼른 도와드려야죠."

바로 생방송에 돌입해서 서너시간을 연속 생방송으로 진행했다. 그리고 짧은 휴식 후에 다시 대기 태세로 들어갔다.

우리 방송국은 국제적인 이슈마다 현지를 연결했다. 프로듀서들이 뉴욕이나 워싱턴, 미국 대도시를 연결해서 전화 인터뷰를 시도하고, 전문가들이 스튜디오에서 라이브로 국제정세 분석과 뉴스 분석을 했다.

이번 사태는 너무나 심각했다. 세상이 충격을 받고 테러에 경악했다. 전문가들은 앞으로 미국의 보복이 시작될 것이고 그것이 전쟁을 의미하는 것인지 지켜봐야 한다고 무거운 얼굴로 말했다.

* * * *

세상의 많은 사람들이 911 테러로 충격을 받았다. 나 역시 개인적으로도 관련이 있었다. 형부와 언니가 뉴욕에서 살고, 일하고 있었기 때문이었다. 뉴스캐스터는 항상 객관성을 유지해야 하지만 그것이 개인적으로 다가올 때는 힘들지만 그래도 개인적인 감정을 드러내어서는 안 된다.

형부는 변호사로 일하고 있었고 종종 쌍둥이 빌딩에서 미팅을 하곤 했다. 그래서 형부가 혹시 어떻게 되었을까 너무 걱정이 되었다.

뉴스 룸에서 일하면서도 마음은 불편했다. 뉴욕에서 온 직장동료들도 다급하게 형제, 부모 등 가족의 안부를 알아내려고 이리저리 연락하는 걸 보고는 남의 일 같지 않았다.

뉴욕은 전화도 연결이 잘 되지 않았다. 동료 몇 몇은 울기 시작하고, 기도하기 시작했다. 그리고 어떤 이는 허공을 바라보며 멍하니 있어서 도저히 일을 할 상태가 아니었다. 그중에 한 동료가 남동생과 겨우 연락이 되어서 기뻐서 울었다. 그 동료의 동생은 뉴저지에서 뉴욕으로 가는 와중에 심각한 교통체증이 생기고, 다행히도 그 교통체증 때문에 쌍둥이 빌딩에 늦게 도착했다.

비행기가 쌍둥이 빌딩과 충돌하는 것을 차안에서 보게 되어서 충격을 받았다고 했다. 만일 늦지 않고 쌍둥이 빌딩에 제시간에 도착했었다면 그는 빌딩에서 죽은 3천 명 중 한 명이 되었을지도 모른다.

이런 저런 동료들의 이야기가 뉴스 룸에 전해지면서 모두가 침묵하고 기도하는 분위기였다. 나 역시 뒤늦게 형부가 무사하다는 연락을 받고 안도의 한숨을 내쉬게 되었다. 911테러 이후로 전 세계가 충격에 휩싸이고 사람들은 또 다른 테러리스트의 공격을 걱정하기 시작했다. 다음은 어느 도시일지 공포감에 휩싸였다.

운명의 땅, 싱가포르로 향하다

911테러 이후 세계정세가 심상치 않게 돌아가고 있었다. 우리나라에서도 김선일 씨가 팔루자에서 유괴되어 참수형을 당한 엄청난 사건이 벌어졌다.

이라크 반군이 3천명 이상이 되는 대한민국 부대를 철수하고 6백6십 명의 의료진과 엔지니어를 철수하라는 요구를 우리 정부가 거절했기 때문이다.

당시 난 이라크 취재를 갈망했고 분쟁의 현장을 생생하게 스케치하고 싶었다.

2004년 여름의 어느 날, 아침 방송을 마치고 나니 회사 대표가 사무실로 오라고 연락이 왔다. 사무실에 들어서자마 그가 나를 반기며 말했다.

"얼마나 열정적으로 일하고 이라크로 가고 싶어 하는지 알아요. 제출한 이라크와 중동 취재 계획을 검토해봤는데 물론 기대한 바대로 흠 없이 완벽했습니다. 그러나 난 이라크 내의 폭력과 유혈사태가 걱정이 돼요. 그래서 다른 경영진과 의논 끝에 남자를 파견하기로 결정했습니다. 우리를 남녀차별주의자라고 생각하지 말아요. 내 딸처럼 생각하고 있기에 안전을 위해서 배려한 것입니다."

그가 친절하게 설명해 주었지만 난 실망감을 감출 수 없었다. 그는 항상 나를 지지해주었고 내 성과를 칭찬해주곤 했던 상사였다. 그러나 한동안 내가 야심차게 추진했던 프로젝트는 물거품이 되고 이젠 희망과 꿈과 도전 의욕조차 좌절되어버린 것이었다.

"왜 사장님이 그런 결론에 도달했는지 이해합니다. 아무튼 절 생각해 주셔서 감사합니다."

난 이렇게 정중하게 말하고 무거운 마음으로 방을 나왔다. 반년 동안 내가 그토록 꿈꿔오고 계획했던 것이 산산 조각났다. 목표가 사라지고 나니 그 다음에 무얼 해야 할지 몰랐다.

그런 일이 있고 나서 몇 달 동안 우울함에 빠져서 지냈다. 식욕도 에너지도 없었다. 그러던 어느 날 이메일 한통이 왔다. 채널뉴스 아시아(Channel NewsAsia)라는 싱가포르에 본부를 둔 방송사에서 연락이 온 것이다. 사람일이란 건 참 묘하다. 근 일 년 동안 이메일을 몇 번 주거니 받거니 했고 싱가포르에 와서 인터뷰하자는 그들의 제의를 그다지 심각하게 생각하지 않았다. 당시 난 이라크와 중동에 가고 싶은 열망에 사로 잡혀서 싱가포르는 안중에도 없었다.

그런데 갑자기 내 마음이 확 달라졌고 정신이 번쩍 들었다. 알고 보니 그들이 업계 사람들로부터 내 이야기를 전해 듣고 이번엔 임원진들과 직접 만나보자는 제의를 했던 것이다. 이미 난 벌써 두 번이나 스케줄이 엇갈린다고 거절했으나 이번에는 어떻게 해서든 성사를 시키고 싶다는 결심이 생겼다.

그 이메일에는 9월말이나 10월초에 인터뷰가 가능한지 연락을 바란다는 내용이었다. 이 짧은 이메일은 우울한 아침을 몰아내는 기분 좋은 소식이었고 난 직감했다.

'이것은 내 인생을 바꿀 수 있는 멋진 기회일지 몰라. 그래 이 기회를 잡아보자.'

난 싱가포르로 가는 계획을 짜는데 마음을 집중했다. 몇 년 전에 싱가포르의 부총재를 취재하려고 갔었는데 그곳은 아주 국제화된 도시였고 쾌적한 느낌을 받았다. 그래서 언젠가 여기서 살 수도 있겠다는 생각이 들었다.

이제 이라크는 끝난 문제고 더 이상 현 상태에 머무르기 싫었다. 그리고 누구에게도 알리지 않고 비밀리에 싱가포르 행 계획을 추진했다. 물론 인터뷰가 잘 안되어도 타격이 없도록 말이다.

2004년 10월의 어느 날, 덥고 습기 찬 저녁의 싱가포르 창이 공항, 난 또 새로운 기회를 찾아 공항에 발을 내딛었다. 다음날 채널 뉴스 아시아의 본부가 있는 캘디코트 힐(Caldecott Hill)에 도착했다.

이 방송국은 당시 빠르게 성장하는 아시아 뉴스 네트워크였다. 당시 한국과 일본에는 송출되지 않았지만 아시아 태평양 지역에서 빠르게 성장하는 가장 큰 방송국 중의 하나였고 미디어 제국인 미디어코프 계열사였다.

그날 난 임원진과 인터뷰했다. CEO인 미스터 우(Mr. Woo)는 젊고 세련된 외모의 소유자로 영국식 악센트의 엘리트 싱가폴리인이었다.

"우리 회사의 비전은 이렇습니다. 우리 방송국이 앞으로 전 아시아로 더 확장할 예정이므로, 중동 및 전 아시아로 진출하는데 동참할 인재를 찾고 있습니다."

그가 이렇게 말했다. 그들이 말하는 인재의 기준은 아시아인, 굳이 싱가포르인일 필요는 없고 채널뉴스아시아를 한 단계 끌어올릴 경험 있는 인재라고 하였다. 그의 말에 난 내가 적임자라는 생각이 들었다.

"왜 우리 방송국에 들어오고 싶은가요?"

다른 임원이 물었다.

"싱가포르는 매우 인상적인 국가고 전 더 광범위한 스케일로 뉴스 방송을 하고 싶고, 내 커리어를 다양하게 넓히고 싶습니다."

그들은 나와의 인터뷰에서 내 잠재력을 본 거 같았다. 회사 대표인 미스터 우(Mr. Woo)는 당장 희망 급여를 물었고 그가 인터뷰의 마지막 질문을 했다.

"언제부터 일을 시작하실 수 있나요?"

인터뷰는 성공했고 난 이제 새로운 세상으로 발을 내딛게 되었다.

인터뷰를 마치고 호텔로 돌아왔다.

'내가 너무 충동적으로 성급한 결정을 내린 건 아닐까? 혹시 나중에 후회하지 않을까?'

혼자 고민했다. 그러나 난 이제는 되돌릴 수 없다는 걸 직감했다.

'그래, 이제 새로운 인생이 펼쳐지는 거야. 난 이 기회를 잡을 거고, 싱가포르는 제2의 고향이 될 거야.'

내 마음은 이렇게 내게 말을 걸었다.

코스모폴리턴의 인생이 펼쳐지다

CNBC에서 글로벌
방송의 중심에 서기까지

싱가포르, 다국적 환경에서 살아남기

◉

2004년 크리스마스를 일주일 앞둔 날, 난 커다란 옷가방 세 개를 꽉 채워서 싱가포르에 도착했다. 첫 출근을 하던 날, 채널 뉴스 아시아의 방대한 뉴스 룸에 들어섰다. 줄지어 있는 책상들 사이로 걸어가며 호기심 가득한 눈길이 느껴졌다.

'아, 이제 또 시작이구나.'

난 또 새로운 얼굴이 되었다. 새로운 환경에 마주한 낯선 얼굴. 내 인생에서 언제나 큰 줄기는 이렇게 시작되었다. 몇몇 사람은 내게 미소를 보내고 나도 미소로 답했다.

다시 처음부터 시작한다는 것은 쉽지 않았다. 그러나 난 여기서 또 내 가치를 증명해 보여야 했다. 내가 이전 직장에서 이루었던 모든 성취를 버리고 여기서 다시 새롭게 딛고 일어나야 한

다. 도전은 나를 열정적이게 만들었고 다시 사다리 계단을 차근
차근 올라가야 했다.

'내 인생은 왜 이리 늘 쉽지 않고 도전의 연속일까?'

물론 답은 내 자신이었다. 안주하지 않고 도전하기에 늘 가파
른 언덕길을 오르는 삶이었다. 지금 생각해보면 채널뉴스아시
아는 나의 7번째 방송국이었다.

채널뉴스아시아는 뉴스 프로그램이 실시간으로 방송되고 20
여 명의 진행자가 활약하며, 12명의 특파원이 파견되어 있는 방
송국이었다. 코스모폴리턴들의 도시 싱가포르답게 다양한 인종
의 직원들이 모여 있었다.

동료 진행자들은 싱가포르인, 말레이인, 인도인, 호주인, 미국
인, 필리핀인, 중국인, 영국인, 또 혼혈 유럽계, 이국적인 외모를
가진 혼혈인종들이 있었다.

특히 눈에 띄는 두 여성이 있었는데 샤론과 사비타였다. 그녀
들은 혼혈로서 둘 다 포토제닉한 미인이었고, 샤론은 조각 같은
코, 다갈색 생머리의 상업적인 외모의 얼굴이었다. 방송에 아주
잘 맞는 얼굴이었고 사비타는 더 독특하고 이국적이고 키 크고,
깨끗한 피부에 연갈색 헤어 등 유럽인처럼 보이는 인도와 중국의
혈통이었다. 사비타는 내면과 외면이 모두 아름다웠다. 친절한
그녀는 내가 낯선 환경에 적응하려고 애쓸 때 나를 도와주었다.

* * * *

일단 내가 살 집을 구해야 했다. 더 이상 이십대도 아니고 혼자 살아가야 하는 것에 적응해야 했다. 한국에서는 부모님과 같이 살았고 그래서인지 생활을 나 혼자 제대로 해본 적이 없었다. 일적으로는 성숙했으나 정신은 아직 어린 여성의 그것이었다. 부모와 같이 살다가 싱가포르에 오면서 그동안 나 자신이 어떤 면에서는 미숙하다는 걸 자각하게 되었다.

난 이제 껍질에서 깨어 나와야 했다. 그래서 집도 동남아시아의 풍경이 잘 드러난 이국적인 열대의 풍경을 보여주는 집을 선택했다. 편안하고 모던한 발리 스타일의 콘도로 홀랜드 로드에 위치한 침실 두 개짜리 집이었다.

직장에서 5분 거리의 이 집에 난 성공적으로 안착했다. 그러나 역시나 오랫동안 부모님과 같이 살아서인지 혼자인 삶에 익숙지 않아서 늘 밤에 소리만 나도 놀라곤 했고, 상당한 시간이 흐르고서야 싱글의 삶에 안착할 수 있었다.

채널뉴스아시아와는 3년 계약을 맺었다. 불확실성이 공존하는 삶 한가운데로 뛰어들어서 한국에서의 안정적인 직책을 버리고 낯선 곳에서 모험하는 것이다.

사실 대부분 방송 경력자의 꿈은 좀 더 국제적인 방송사에서 일하는 것이다. 그러나 거기에는 위험이 있다. 몇 년마다 계약을 갱신하고 임금 협상을 해야 한다. 게다가 계약이 다시 갱신된다는 보장은 없다. 그래서 그만큼 열심히 자신의 가치를 보여줘야 한다.

* * * *

싱가포르에 온지 어느덧 6개월이란 시간이 지났다. 난 업무에 몰입하느라 늘 집과 직장을 오갔다. 단조로운 일상이었지만 분주했고 저녁에 콘도의 풀에서 한 시간 수영을 하고, 다음날 기사를 리서치하고 잠자리에 들었다.

마치 다시 학교에 돌아온 기분으로 태국, 싱가포르, 말레이시아, 인도네시아, 미얀마, 캄보디아 지역의 정치에 관한 책을 밤늦은 시간까지 읽으며 인도와 중국에 대해서도 공부했다.

일에 있어서 늘 도전해야 했기에 난 자신감이 넘쳤지만 외향적으로 보이는 워킹 우먼의 이미지와 수줍고 긴장하는 내면의 자아 사이에는 큰 간격이 있었다.

생각해보면 학교에서 선생님들은 날 늘 수줍은 아이라고 생각했다. 미국에서 학교를 다니던 초등학교 2학년 때의 일이었다. 담임선생님이 다가와서 이렇게 말했다.

"마 해 바 (Mah Hae Bwa, 말해봐.)"

난 미국인 선생님의 영어도 아니고 한글도 아닌 이상한 발음에 놀랐다. 나중에 알고 나니, 미국에 간지 얼마 되지 않아서 영어도 부족하고 늘 교실 뒤에서 조용하게 앉아있던 나에게 다가와서 한국말로 말을 걸어준 것이다.

당시 선생님은 부모님에게 전화 걸어서 "Say Something"을 한국말로 어떻게 말하는지 물어봐서, 그걸 그대로 말한 것이다. 그런 나의 과거를 아는 그 선생님이 지금 내 직업을 알게 된다면 깜짝 놀랄 것이다. 인생은 그렇게 예측하기 힘들다.

인도양 대지진, 나만의 틈새를 찾다

◉

사건은 항상 예기치 않게 일어난다. 2004년 12월 26일, 내가 한가롭게 방송국 로비로 걸어 들어가던 그날, 난 일요일 근무 중이었다.

일요일 근무는 당연한 것이었고 우리에게 공휴일은 존재하지 않는 날이나 마찬가지다. 아마도 우리 생활은 소방관, 의사, 경찰관의 생활과 비슷할 것이다. 항상 아침이나 밤늦게 급한 일이 생겨서 일해야 하고, 비가 오나, 날이 좋으나, 태풍이 오거나, 눈이 와도 언제 어디서나 뉴스는 툭 하고 튀어 올라온다.

항상 속보는 어느 한가한 순간에 들이닥치곤 하니, 그건 우리 직업에서 자연스럽게 받아들여야할 부분이다.

뉴스 룸으로 걸어 들어가자마자 냉방으로 인해서 너무나 차디찬 실내 때문에 피부에 소름이 돋을 정도였다. 사실 한국에서의 12월은 크리스마스 캐럴이 울려 퍼지고 겨울바람과 추위에 떨고 다닐 시기이지만, 이곳 싱가포르는 그런 추위와는 거리가 먼 지역이 아닌가. 난 뉴스 룸의 추위를 마치 서울 한복판 거리를 걸어 다니다 느끼는 한겨울의 추위로 착각했다.

싱가포르 방송국에서는 실내온도를 상당히 낮게 가동하곤 한다. 비싼 첨단 방송 기기나 설비를 잘 유지해야 하기 때문이다. 싱가포르의 고온다습한 날씨를 고려하면 이곳 스튜디오의 온도는 거의 알래스카처럼 느껴지는 순간도 있다.

주위를 둘러보니 몇몇 부지런한 프로듀서, 편집자와 스튜디오 진행요원들은 후드 달린 점퍼와 스카프를 매고 피로에 지친 얼굴로 앉아있었다. 우린 서로에게 미소를 지으며 "메리 크리스마스!"라고 인사했다.

우리에게는 일종의 동지의식이 있었다. 우리는 일반인들처럼 평범한 삶을 포기한 사람들이다. 남들은 휴일에 집에서 푹 쉬지만 우리는 그런 삶을 잊은 지 오래였다. 그래서 휴일에도 일하는 이 업계에서 오래 일해 온 사람들 간에는 끈끈한 유대가 있다.

채널뉴스아시아는 크리스마스 이브만큼은 늦은 오후라도 일을 마칠 수 있었다. 그래서 그 유명한 쇼핑가인 오차드 로드 (Orchard Road)로 가서 느긋하게 쇼핑할 여유가 있었다. 밤에 크리스마스 쇼핑을 하러 나온 인파들 사이에서 헤맬지라도 말이다.

난 커피를 마시며 책상에 앉아서 뉴스 단신과 TV 피드를 흘깃거리고 있었다. 특별한 뉴스거리가 없는 평화로운 하루인 듯 했다.

'오늘 일을 마치고 나서 무얼 하지?'

난 혼자 마음속으로 계획을 세웠다.

'어디서 저녁식사를 할까? 아니면 수영을 할까? 아니면 작은 이탈리안 레스토랑에서 느긋이 식사할까? 혼자 식사하면 이상하게 보일까?'

이런 내 잡념을 비집고 들어온 것은 빨갛고 두꺼운 글씨의 속보였다.

NEWS ALERT: A MASSIVE EARTHQUAKE STRIKES UNDERWATER OFF SUMATRA'S WESTERN COAST IN INDONESIA: REUTERS.

속보: 인도네시아 수마트라 서쪽 해안가에서 거대한 지진이 해저에서 일어났다.

난 속으로 생각했다.

'거대하다? 이건 대체 어느 정도의 규모이지?'

거의 대부분의 지진은 리히터 규모가 5나 6정도의 지진이었다. 그런데 그걸 '거대하다'고 표현하지는 않는다. 심상치 않아 보였지만 구체적인 소식이 뒤이어 나올 때까지 기다려야 했다.

BREAKING: THE POWERFUL QUAKE MEASURES 8.0 ON THE RICHTER SCALE, RTRS.
속보: 강력한 지진은 리히터 스케일 8.0을 기록했다.

난 이걸 보자마자 담당 뉴스 편집자들에게 소리쳤다.

"이거 봤어요?"

그들도 믿기지 않는다는 듯이 고개를 저었다. 루스와 수월은 채널뉴스아시아에 오랜 동안 일해 온 노련한 편집자들이었다. 그들은 뉴스의 흐름을 거의 좌지우지하다시피 했다. 진도 8의 지진이라면 대체 어느 정도일까? 나는 즉시 구글 창을 켰다. 구글에서 터키 대지진을 찾아보며 진도 8의 지진이 얼마나 강력할 지 슬슬 감이 잡혀오기 시작했다.

다음 뉴스시간까지 조금 여유가 있었기에 당장은 평소의 프로그램을 계속 방송하며 화면 아래에 '뉴스 속보'라고만 내보내고 있었다.

BREAKING: HUGE WAVES SEEN CRASHING INTO COASTAL COMMUNITIES ALONG SUMATRA'S COAST: WITNESSES TELL ASSOCIATED PRESS.

속보: 수마트라의 해안에서 거대한 파도가 관측됨 /목격자들이 AP에 전함

ALERT: VILLAGERS SEEN RUNNING TO HIGHER GROUND AS GIANT WAVES SWAMP COASTAL-CITY OF GALLE, SRI LANKA: LOCAL PRESS, AP.

속보: 거대한 파도가 스리랑카의 해안 도시 갈레를 덮쳐서 마을 사람들이 고지대로 달려가는 것이 목격됨 / AP

뒤이은 쓰나미 소식은 놀라웠다. 프로듀서들이 조정실로 달려가 곧 방송될 속보를 위한 준비에 들어갔다. 해안가 도시와 마을이 거대한 파도에 뒤덮이고, 이어지는 뉴스 속보는 온통 파괴되고 있는 처참한 쓰나미 현장을 보여주었다.

스튜디오 전체가 혼란에 가득 찼다. PD와 편집자와 리포터들이 이 어마어마한 규모의 자연재해를 설명해줄 수 있는 지질학자, 지진 전문가들에게 연락을 하려고 시도했다. 마치 911 테러처럼 엄청난 인명피해가 발생할 것이 분명했다. 한 시간 만에 사상자가 10만 명 이상이라는 얘기도 나오고 UN은 1백만 명에

가까운 사람들이 구호가 필요하다고 추정했다.

　난 방송 준비를 하면서도 사망자들과 피해 규모가 너무나 엄청나고 충격적이어서 손이 덜덜 떨렸다. 뉴스 룸의 저 끝까지 달려가서 벽에 걸려있는 세계지도를 확인하며 조심스럽게 피해를 입은 지역을 손가락으로 따라가 보았다. 자세히 살펴보니 재해를 입은 지역은 불의 고리(Ring of Fire)로 불리는 환태평양 지진대란 직감이 들었다.

＊　＊　＊　＊

　번쩍거리는 불빛과 발신음과 경고음이 편집실 안에서 울려 퍼지며 채널 뉴스 아시아는 사상 초유의 쓰나미 보도의 중심이 되었다. 죽음과 파괴의 흔적부터 구호와 복구를 향한 노력을 다루게 될 특파원과 PD들이 현지로 재빨리 파견되었다. 채널뉴스 아시아는 광범위한 네트워크를 가동해서 스리랑카, 인도, 파키스탄, 호주, 일본, 미국에서 온 프리랜서 기자들을 파견했다.

　처음 예상과 달리 지진의 규모는 리히터 9.3이었다. 역사상 가장 심각한 지진이었으며 사망자 수는 23만 명 이상, 부상자 수는 수천 명에 달했다.

　채널뉴스아시아는 이 거대한 재난에 대해서 신속 정확한 보도로 호평을 받았으며 덕분에 시청률은 치솟았고 광고수익 또

한 올랐다. 그리고 이 사건은 방송국의 중대한 분기점이 되었다. 채널뉴스아시아만의 틈새가 발견되었고 그것은 아시아의 이야기를 아시아의 관점에서 전한다는 것이다.

난 어느덧 그 중대한 사건을 다루는 생방송을 진행하는 중요한 인물이 되어있었다. 그건 나조차도 예상치 못한 일이었다. 이 일로 인해서 난 더욱 자극받았고 반드시 이곳 싱가포르에서 성공하리라 결심하는 계기가 되었다.

방송저널리스트로 국경을 넘나들며

매일매일 전화, 이메일, 회의 참석 등 부산스런 일상에서는 집중을 유지하는 게 중요하다. 채널뉴스아시아에서 근무한지 2년이 흘러간 시점, 난 이제는 한 발짝 물러나서 나를 평가해보고 싶었다. 더 여행하고 싶었고 내 아이디어가 반영된 TV프로그램을 만들어내고 싶었다. 다시 말하면 방송의 모든 면을 경험해보고 싶었다.

방송 일에 관해서는 다방면의 인재가 되고 싶었기에 프로그램을 진행하고 제작하는 것, 재정에 관한 것까지 알고 싶었다. 앞으로 내 삶이 어떻게 풀릴지 모르는 일이었기에 다방면에서 활약하는 인재가 되어야 했다.

당시 채널뉴스아시아와의 3년 계약 중 1년이 남았고 그 이후로는 계획이 없었다. 살아남으려면 더 노력하는 수밖에 없는 것이 냉정한 방송 프로페셔널의 세계 아닌가. 난 내가 할 수 있는 모든 역량을 발휘해서 내 존재가 방송국에서 든든하게 자리 잡을 수 있도록 해야 했다.

이 시기에 나는 모든 창의력을 TV 프로그램을 제작하는데 집중하리라 결심했다. 우선 매주 시사 프로그램을 공동 제작하는 것으로 시작했다. 이미 진행하고 있었던 'Insight'라는 방송국에서 가장 오랜 프로그램이 있는데, 그 30분 방송은 한 주의 화제에 대해서 분석하고, 다양한 주제를 다루고 있었다.

어느 날 내가 테러리즘이나 지정학적 주제들에서 벗어나 다른 것을 시도해보자고 제안했다. '정치인과 사생활' 같이 더 대중적인 주제는 어떨까? 란 생각에 다음과 같은 시놉시스를 만들어냈다.

〈시놉시스〉

이 매력적인 러브 스토리는 국제 언론의 주목을 받았다. 대통령이 아름다운 전직 슈퍼모델과 사랑에 빠졌다는 것. 프랑스 대통령 니콜라 사르코지와 이탈리아의 가수 카를라 브루니의 사랑은 대중의 주목을 한 몸에 받았다. 매스컴의 흥미 위주 보도는 대중이 무엇을 원하는 지를 보여주는 것일까?

맡겨진 임무뿐만이 아니라 사생활도 솔직하게 드러낼 수 있는 정치가를 대중은 원하는가? 이건 지극히 프랑스적인 현상일까 아니면 일부 비판적인 사람들이 말하듯 사르코지가 돈을 주고 유명인의 대열에 끼어든 것일까?

불확실하고 격변하는 세상에서 대중은 정치 지도자들에게 높은 도덕적 기대감을 갖고 있을까? 아시아의 인식은 어떨까? 올해 대선 준비를 하고 있는 미국은 어떨까? 이 주제에 대해서 'Insight'에서 집중 조명한다. 채널뉴스아시아의 'Insight'는 9시 30분에 방영된다.

이 시놉시스처럼 사르코지 당시 프랑스 대통령과 슈퍼모델 카를라 브루니의 로맨스, 마닐라 근교의 악명 높은 쓰레기장에서 살아가는 슬럼가 주민들의 현실 등 매회 새로운 아이디어가 떠올랐고 난 매주 다양한 여행을 떠날 수 있었다. 나는 TV와 다시금 사랑에 빠지고 있었다. 이런 과정을 통해서 고생도 했지만 제작과정의 매력과 좋은 대본의 힘을 알게 되었다.

영상을 편집하고 후반작업을 하며 특수효과 등 다른 마무리 작업을 진행하는데 오랜 시간을 보냈다. 어두컴컴한 방에 앉아서 장면 하나 하나를 선택했고 적절한 음악을 배치했고 특수 효과를 사용하여 묘미를 살렸다. 심하게 피곤했지만 그 와중에 창의력을 발휘하는 것은 카타르시스를 느끼게 하였다.

아이디어뿐인 무에서 유를 창조한다는 것은 마치 내가 아이를 낳는 것 같은 느낌이 들게 하였다. 하지만 그 카타르시스적인 순간은 짧았다. 한 프로그램이 방송되고 나면 바로 다음 주의 계획을 짜야 한다. 그래서 이 끝나지 않는 사이클이야말로 방송일이 고된 이유이다.

쉬는 시간이 전혀 없었고 이미 편성된 방송은 어떻게 해서든 내보내야 하기에 매일같이 프로그램을 제작해야했으며 그 과정에서 체력소모가 심했다. 그래서 많은 이들이 방송의 화려함만 보고 왔다가 몇 년 후에 일을 그만두고 나가곤 한다.

그 당시 난 밤낮으로 일하고 있었다. 매일 밤 침대에 누워서 다음 프로그램에 대한 아이디어를 구상하고, 아침에 일어나서 프로그램의 시놉시스를 썼다. 그렇게 한 뒤 촬영을 하고, 인터뷰를 진행하고, 프로그램 예고편을 제작하고, 비디오를 편집하며, 음악과 특수효과 등의 작업을 했다.

* * * *

뭔가 새로운 경험을 하고 소외된 이들의 상황을 방송을 통해 전할 수 있다는 사명감은 나로 하여금 에너지를 준다. 필리핀 마닐라 근교의 빈민가 취재가 기억난다.

필리핀 빈부 격차를 취재하기 위해서 수도 마닐라에서 45분 거리의 외곽지역으로 갔다. 집이 있다고 갔는데 집이 아니라 쓰레기 동산이었다. 쓰레기 더미가 많이 쌓여서 언덕이 만들어진 작은 동산이 집이었다.

그런데 재미난 것은 거기 사는 빈민들이 어디서 대문이라고 주워 와서 쓰레기 동산 위에다 대문을 한 개씩 세워놓았다. 아이들이 그 쓰레기 더미에서 놀고 있는 모습을 보고 무척 가슴이 아팠다.

어떤 프로젝트는 제법 단순했지만 어떤 것은 까다로웠고 때때로 외부에서 자금 조달이 필요하거나 세계 각국의 회사들과 협업이 필요하기도 했다. 어떤 프로그램을 할 때엔 아마존 열대 우림의 특이하고 이국적인 동식물이 있는 지구 반대편 오지로 가야했다.

아마존 인근 프랑스령 가이아나 취재여행이 기억이 난다.

비행기로 무려 36시간을 비행한 끝에 눈을 떠보니 지구 반대편 미지의 세계에 도착했다. 싱가포르에서 파리를 경유, 남아메리카의 아마존 근처 프랑스령 가이아나에 도착했던 것이다.

도착하자마자 고온다습하며 따가운 햇볕이 피부에 느껴졌다. 지평선 멀리 보이는 풍경은 고층건물이란 찾아 볼 수 없었고 거

칠고 무성하게 자란 풀이 아스팔트 도로를 점령할 듯이 자라고 있었고 저 멀리 울창한 아마존 정글이 보였다.

아마존 열대 우림이 근방에 있다는 증거라도 보여주듯 각양각색의 희귀한 벌레들과 묘하게 생긴 짐승들이 내 눈 앞을 지나갔다. 이렇게 내가 이국적인 배경에 빠져 있는 순간에도 배도 고프고 피곤함이 밀려왔다.

'지금 당장 뭔가 먹지 않으면 시차적응과 여행 때문에 피곤하고 잠도 부족해서 당장이라도 쓰러질 거 같아.'

이런 상태의 나에게 까무잡잡하고 자그마한 중년의 남자가 나타나서 우리 일행인 일본인 카메라맨, 금발에 통통하고 거대한 몸집의 독일 신문기자, 중년의 영국인 비즈니스맨에게 우주 발사기지 코우루(Kourou)에서 가장 맛있고 유명한 레스토랑으로 안내하겠다고 했다.

코우르는 1850년대부터 1946년까지 사용된 프랑스의 악명 높은 유형지로써, 이 감옥은 1970년에 영어로 출판된 앙리 샤리에르(Henry Charrière)의 회고록 '빠삐용(Papillon, 나비)'으로 유명해진 곳이었다. (이 책은 샤리에르의 구금, 수차례에 걸친 탈출시도와 그 힘든 탈출과정에 성공한 이야기를 다루고 있으며, 후에 스티브 맥퀸과 더스틴 호프만 주연의 영화로 제작되었다.)

그 남자의 안내를 따라서 '과연 이런 오지의 일류 레스토랑은 어떨까'하는 기대를 하며 차를 타고 갔다. 대략 20분 후 차량에서 내리니 짚불로 지붕이 뒤덮인 오두막 같은 곳에 도착했다. 흙탕물 색깔의 아마존의 강물이 나무판자 바닥 밑으로 흘러갔고 간간히 악어가 유유히 강물을 헤엄치며 지나다녔다.

'혹시 식사하다가 음식물을 흘리면 악어가 튀어 올라와 내 발을 공격하지 않을까?'

이런 생각이 들어서 주변을 살펴가며 밥을 먹었다. 마치 내 자신이 영화 '인디아나 존스'에 출연한 듯한 기분이었다.

이국적인 전경이 눈에 서서히 익을 즈음, 머리를 가늘게 땋은 흑인 웨이트리스가 메뉴판을 가져왔다. 그녀는 프랑스령 가이아나 억양이 심한 불어와 영어를 섞어가며 말했다.

그녀가 설명하는 메뉴는 이런 풍경에 걸맞은 악어 스테이크, 튀긴 야생 개구리, 훈제 타조 고기, 구운 이구아나 (열대 대형 도마뱀) 같은 요리들이었다. 아직 그런 걸 고를만한 모험심이 들지 않아서 가장 무난한 구운 야생돼지고기와 망고 샐러드를 선택했다.

식사를 마치고 배가 부르자 피곤해서 눈이 감겨갔지만 얼른 눈을 비비며 취재와 촬영에 돌입했다. 우리 팀이 이 오지까지 찾아온 이유는 아리안스페이스(Arianespace) 즉 EU 소속 우주 기업의 우주발사기지에서 두 개의 아시아 통신위성 발사장면을 보도하고 시사프로그램을 제작하기 위해서였다.

이 프로젝트를 위해서 밤낮으로 촬영에 몰두하며 역사책에서 읽었던 탐험가들이 신세계의 매력에 왜 빠지게 되는 지 조금이나마 이해할 수 있었다. 미지의 세계에서는 모든 것이 새로웠다.

물론 조심해야할 것도 많다. 특히 각종 열대병과 벌레 등을 조심해야 했다. 이미 오기 전에 파상풍, 화상풍, 말라리아 백신 등 여러 종류의 예방접종을 받았으나 댕기 모기에는 특별한 대책이 없기 때문에 종종 발사 기지에 근무하는 과학자들이 열대 모기에 물려 본국으로 실려 나간다는 얘기가 오가곤 했다.

* * * *

며칠 동안 고생 끝에 드디어 발사 디데이가 다가왔다. 유럽연합 기지에서 대형발사 로켓인 아리안5호(Ariane 5)와 소형로켓으로 알려진 베가(Vega)를 발사하게 되던 날, 날씨가 좋지 않아 혹시 발사가 연기될까봐 희비가 여러 번 교차된 후, 드디어 두 개의 로켓이 밤하늘을 찬란하게 밝히며 우주로 날아올랐다.

이 광경을 바라보며 잠도 자지 않고 일했던 지난 나흘 동안의 피로가 말끔히 가시는 듯 희열을 느꼈다. 몸과 마음은 피곤했지만 정신은 우주로 향하는 로켓처럼 반짝이던 순간이었다.

이렇게 다양한 곳에서의 다양한 취재 경험이 멋있고, 보람 있는 일이기도 했지만 단점도 있다. 시차적응에 힘써야 하고, 일을 위한 여행이기에 불편함이 뒤따르는 업무였다. 편안하게 휴식을 취할 수 있는 밤은 내겐 사치로 여겨졌다. 그러나 취재 여행에서 부딪힌 온갖 어려움 덕분에 개인적으로는 인내하고 성장할 수 있었다. 힘든 상황에 부딪혀도 굴하지 않는 끈기와 인내, 겸손의 미덕을 배울 수 있었다.

* * * *

세상은 넓고 다양했고 그 지평선 너머로 또 다른 세계가 펼쳐졌다. 프로그램을 기획하고, 제작하고 보도하는 능력이 쌓이자 자신감이 생기고 늘 새로운 아이디어를 제공하고, 그런 과정이 재미나서 도저히 멈출 수가 없었다.

새로운 프로그램을 세 개나 구상하고 제작했다. 당시 나의 제작부서 상사인 비화탄이라는 이름의 베테랑 중국계 싱가포르 프로듀서의 도움이 없었다면 내가 이렇게 창의력을 발휘하거나 내 아이디어가 생명력을 가지고 태어날 수 없었을 것이다.

이렇게 때론 상사나 동료들이 내 편일 때도 있고, 혹은 아닐 때도 있지만 궁합이 맞던 안 맞던 해나가는 것은 내 몫이다.

나는 왜 이국땅에서 두, 세 사람분의 일을 하고 있나, 왜 내 자신을 혹사시키나? 답은 두 가지였다. 미지의 것에 대한 궁금증, 그리고 경쟁이 심한 업계에서 살아남을 유일한 방법이기 때문이었다. 만일 내가 이렇게 일을 기획해서 적극적으로 찾아서 하지 않았다면 방송국에서 내 존재는 미미했을 것이다.

세계적인 경제방송사 CNBC와 인연을 맺다

2008년 6월경, 검은 정장과 잘 다려진 흰 셔츠를 입은 웨이터가 주문을 받으러 왔을 때 나는 레몬 슬라이스를 넣은 탄산수를 주문했고 메뉴를 본 뒤 메인 식사만 주문했다.

계절 야채를 넣은 토마토 회향 수프를 곁들인 팬에 구운 칠레산 농어, 이건 비즈니스 미팅에서 썩 괜찮은 메뉴였다. 너무 먹기 지저분하거나 시간이 오래 걸리지 않는 메뉴였다. 애피타이저를 생략하고, 간단한 점심 식사를 하는 이유는 중요한 미팅이었기 때문이다.

이것이 내가 제임스를 두 번째로 만났을 때였다. 그는 CNBC 아시아에 '생각을 뒤흔들어놓는' 것으로 유명한 젊은 중역이었다. CNBC는 미국 메이저 방송사인 NBC 유니버설 텔레비전 그룹의 일부로서 아시아, 태평양 지역에서 탁월한 성장을 보이고 있었다. 무지개색 공작새 모양인 CNBC 로고는 아시아 지역에서 점점 익숙해지고 있었다.

이 방송국은 최근에 싱가포르와 홍콩을 넘어 호주의 시드니까지 진출했고, 상하이와 도쿄에 특파원도 파견했다. CNN이나 블룸버그와 다르게 CNBC는 아시아 본부를 싱가포르에 두었다.

청바지에 밝은 색 셔츠 차림으로 간편하게 나온 제임스는 활기차보였다. 그의 영국식 억양이 인상적이었다.

"결혼을 축하합니다. 건강하게 탄 피부네요. 신혼여행에서 잘 돌아오셨어요?"

내가 이렇게 인사를 건네자 그는 악수를 청하며 빛나는 미소를 지었다. 그는 사이프러스에서 결혼한 뒤에 신혼여행을 다녀왔고 이제 곧 일상으로 복귀하는 중이라고 설명했다. 아내를 자꾸 여자 친구라고 부를 때마다 말을 정정하며 머리를 절레절레 흔들었다. 그의 인생은 잘 풀려가고 있는 것 같았다.

"아내가 런던에서 이곳 싱가포르로 올 거예요. 장거리 관계는 좋지 않죠."

그가 웃으며 말했다.

"사이프러스 출신이신가요? 그래서 그곳에서 결혼한 건가요?"

나의 질문에 그는 부모님이 은퇴하고 사는 곳이 그 지중해의

섬이라고 설명했다.

"어머니는 서인도제도 출신인 클래식 피아노 연주가이고, 아버지는 영국인 재즈 뮤지션으로 활동했습니다."

제임스는 이렇게 말하며 아버지가 왜 사이프러스에서 은퇴생활을 하는지는 설명하지 않았다. 그는 자신이 홍콩에서 자랐다고 말했다. 그의 다양한 문화적 배경이 난 궁금했지만 개인적인 질문은 아꼈다. 언론인으로서의 취재 본능 때문에 그의 부모님이 어디에서 어떻게 만났고 그가 어떻게 홍콩에서 자라나게 되었는지 물어보고 싶었지만 나중에 그가 미래의 상사가 될지도 모르기 때문에 질문을 아꼈다. 우리는 이탈리아 빵을 올리브 오일과 발사믹 식초에 찍어 먹으면서 말을 이어갔다.

* * * *

제임스가 자신의 결혼식과 가족이야기를 가볍게 하고 나서, 우린 본격적으로 일 이야기에 들어갔다. 제임스는 날카롭고 직관적이며 열정적으로 보였다. 그는 내가 채널뉴스아시아에서 무엇을 하며 어떻게 일을 해냈는지에 대해 이야기하자 주의 깊게 경청했다. 그동안에 해왔던 일들을 설명하고, 앵커로서 뉴스를 진행하고 생방송을 지휘하며 프로그램을 제작했고 인터뷰를 진행했으며 각종 세미나와 회의들의 사회를 보았던 일에 대해서 설명했다.

그렇게 몇 년의 일을 설명하고 나자, 난 일 이외의 삶은 거의 갖지 않았다는 걸 새삼 깨달았다. 그런데 갑자기 목 뒷부분의 피부가 따끔거렸다. 알고 봤더니 협찬 받은 빨간 재킷의 상표가 그대로 달려서 피부에 닿았기 때문이었다.

채널뉴스아시아 스튜디오에서 허겁지겁 이곳으로 왔기 때문에 옷을 갈아입을 시간이 없었다. 협찬 받은 옷을 입는데 너무 익숙해져있던 나머지 택이 달랑거리는 옷을 입은 것을 자주 잊어버렸다. 중요한 점심 미팅을 위해 여벌의 옷을 가져오지 않은 것을 후회했지만 지금 와서 할 수 있는 일은 없었다. 다만 제임스가 내가 어색해하는 것을 눈치 채지 못하기를 빌었다.

제임스는 CNBC의 브랜드와 방송국의 경영철학, 원하는 인재상에 대해서 이야기했다.

"몇 달 내로 CNBC 아시아에 새로운 진행자가 필요합니다."

그의 말을 듣고 많은 생각이 내 머릿속을 스쳐지나갔다.

'나는 그들이 생각하고 있는 수많은 후보 중 하나인걸까? 내가 과연 주식, 채권, 금융시장에 대해서 방송할 수 있을까? 경제보도란 숫자놀음이 전부이지 않은가? 내가 정말 이 일을 하고 싶은가?'

물론 난 세계적인 방송사에서 일하고 싶었고 이건 몇 년간이

나 꿈꾸어왔던 일이었다. 그러나 한편으론 또 다시 새로 시작해야 된다는 것이 정말 부담스러웠다. 채널 뉴스 아시아에서 완전히 자리를 잡은 시점에 또다시 처음부터 시작해야 하는지?

제임스는 이런 내 마음을 아는지, 모르는지 앞으로 내가 하게 될 일에 대해서 자세히 설명했다.

"우리는 금융시장을 잘 아는 동시에 정치적 요소가 어떻게 투자심리에 영향을 미치는지에 대해 잘 이해할 수 있는 인재를 찾고 있습니다. 우리가 CNBC에서 하는 일은 현재 시장의 동향에 대해 토론하고 분석하는 것과 각각의 금융자산이 자본의 흐름에 의해서 어떻게 움직이는지에 대해 분석하는 것입니다."

그는 설득력이 있었고 경제 금융 저널리즘이 굉장히 매력적으로 들리게 말했다. 그러나 문제는 내가 과연 경제뉴스에 맞는지가 중요한 것이기에 고민이 되었다.

한국이 1997년 IMF를 겪었을 때에는 난 풋내기 기자였다. 태국의 바트화가 무너지자 상황이 어떻게 금세 악화되었는지 떠올랐다. 당시 아시아 경제 위기는 전이되어 한국과 인도네시아를 덮쳤고 사태를 아시아 전역의 경제 위기로 만들었다. 태국 바트화와 인도네시아의 루피화와 한국의 원화는 가치가 곤두박질쳤다.

당시 국가의 위기가 심각해서 수많은 한국인들은 자신들의 금붙이를 국가에 기부했다. 위기는 사회 전반적으로 고통과 고난을 주었지만 국민들의 희생이 들어간 휴먼 드라마이기도 했다. 당시 풋내기 기자로서 IMF 위기를 취재했던 기억이 떠올랐다.

"CNBC는 아시다시피 다우존스 뉴스 회사의 ABN과 합병되기 전에 미국 NBC 유니버설 그룹의 일부인 CNBC의 자회사로서 1995년에 시작된 방송국이었습니다."

이렇게 제임스는 CNBC 아시아의 역사에 대해 설명하기 시작했다.

제임스가 계속 일에 대해서 설명하면 할수록 난 CNBC가 과연 나에게 맞는지, 맞지 않는지에 대해서 계속 생각했다. 무엇보다 직장이 안정적이어야 했다. CNBC 아시아는 지난 십년간 회사가 어려울 때 두 번이나 무자비한 정리 해고를 했다. 나는 일자리를 잃어서 큰 타격을 받은 사람들을 개인적으로 몇 명 알고 있었기에 갑자기 불안해졌다.

"제임스, 제가 만약 기대치에 못 미친다면 해고 되겠죠? 물론 전 열심히 일하고 최선을 다하겠지만 말입니다. 제 현재 위치도 굉장히 안정적이기 때문에 그 점이 중요해요. 난 CNBC에서 예전에 대규모 구조조정을 했었던 걸 알고 있어요."

그는 확신에 찬 태도로 대답했다.

"직원이 회사의 기대치에 못 미치면 잘리는 것은 모든 직장에서 일어나는 일이니 아예 그럴 확률이 없다고는 할 수 없습니다. 이것은 나에게 적용되기도 합니다."

그는 당시의 직원 해고 상황이 방송국의 구조적인 문제로 인한 것이었다고 설명했다.

"미국 방송국은 평등한 기회가 주어지고, 저도 갓 고등학교를 졸업하고 런던의 CNBC 유럽 본부에 인턴으로 일하기 시작했습니다."

제임스는 당시 금융시장을 이해하고자 매일 밤 파이낸셜 타임즈와 월스트리트 저널을 한장 한장 공부했던 회사 초기 시절에 대해서 말했다. 그가 이런저런 설명을 하면 할수록 난 긍정적으로 생각하기 시작했다. 그러나 지금 다니는 방송사를 옮기기에는 용기가 필요했다.

* * * *

제임스와의 대화는 웨이터가 테이블을 치우러 오자 잠시 중단되었다가 이어졌다. 난 다양한 면에서 제임스의 말에 공감할 수 있었다. 이때 그가 질문을 했다.

"CNBC의 인상은 어떤가요?"

"CNBC 방송은 이제껏 제가 일했던 곳과는 다르지만 한번 해볼 수는 있을 거 같아요. 기회가 온다면 열심히 할 거 같습니다.

물론 부족한 면이 있어도 극복이 가능할 거 같아요. 금융 전문가들도 많지만 그들은 방송을 모르니까요."

그는 내 말에 동의하듯 고개 끄덕였다.

"경제방송이라서 힘들지 모르지만 우리는 지금까지 잘 해왔습니다. 우리 아시아 채널은 잘 해나가고 있고, 싱가포르에서도 성공할 것입니다."

난 일에 대해서 좀 더 구체적으로 물어봤다. 얼마나 변화무쌍하고 노력이 필요한지 궁금했고, 그는 설명해주었다.

"금융시장이 변화무쌍하기 때문에 항상 일이 어떻게 돌아가고 있는지 훤히 꿰고 있어야 합니다. 그리고 전 세계적으로 밀접하게 연결된 세상에서 뉴스의 영향력은 큽니다. 그러나 우리는 금융시장처럼 주말엔 일하지 않고 월요일까지 쉴 수 있어요. 물론 급한 일이 생기면 주말에도 일해야 하긴 하지만, 당장 금융위기가 오지 않는 한은 그런 일은 없을 겁니다."

그의 설명에 난 놀랐다. 그리고 이렇게 반문했다.

"정말 주말에는 쉴 수 있다는 말인가요?"

내가 이렇게 어린애 같이 물어보자 그는 재미있어하며 대답했다.

"물론이죠. 단언하긴 힘들지만 급한 사태가 생기지 않는 한은 주말에 쉴 수 있어요. 무슨 일이 생기면 속보태세로 들어가긴 해야죠."

난 난생처음 주말에 쉴 수 있는 평범한 삶이 가능하리라는 기대로 인해서 가슴이 두근거렸다. 갑자기 CNBC에서의 삶이 '자유'를 의미하는 것 같았다.

웨이터가 계산서를 가지고 왔다. 자리를 마무리 지으며 제임스는 몇 사람과 더 상의한 후에 며칠 내로 다시 연락을 주겠다고 했다. 그는 채용에 관한 힌트를 주진 않았다. 물론 입사가 쉽지 않다는 걸 난 알고 있었다. 설사 그들이 일하자고 제안한다 하더라도 난 기존의 모든 걸 포기해야만 한다. 그렇다면 나는 모든 것을 포기할 준비가 되어있었는가?

현재 우리 방송국에서 난 최고의 위치에 있었고, 황금시간대 저녁 방송의 앵커였으며 정규 인터뷰 시리즈를 비롯해서 매주 시사 프로그램까지도 진행하고 있었다. 내겐 선택의 결정권도 있었다. 그런데 이 모든 걸 포기할 가치가 있는 것인가? CNBC가 비슷한 권한을 줄 것이라고는 생각하기 힘들었다.

그럼에도 불구하고 채널뉴스아시아에 남아있더라도, 난 몇 안 되는 외국인 앵커 중 한 사람이었기에 내가 승승장구할 수 있을 확률은 어느 정도일까 고민했다.

CNBC, 다시 모든 걸 시작하며

CNBC와의 인터뷰 이후, 며칠이 흘렀다. 난 CNBC 입사에 대해서 너무 깊게 생각하지 않으려고 했다. 다시 일상으로 돌아가서 일하고, 편집회의에 나가고, 뉴스를 진행하고, 게스트를 인터뷰했으며, 촬영을 하러 나갔다. 그러면서 지금 이 상태에서 굳이 직장을 바꿀 이유가 있는지 고민했다.

현재 직장에서 안정된 위치에 있고, 인정을 받으며, 내 일을 사랑하고 있는데, 굳이 다른 방송사에 가서 또 다른 도전을 해야 하나? 회의가 들었다. 하지만 일은 진행되고 있었다.

어느 날 방송에 들어가기 직전에 내게 이메일 한통이 날아왔다.

Jasmine Chang

CNBC Asia Pacific

안녕하세요, 클로이. 우리 회장인 제롬 브라운과 인사담당 임원 레슬리 테일러와 미팅을 주선하고 싶습니다. 다음 주 수요일에 일정을 잡을 수 있게 전화를 주시겠어요? 감사합니다.

JC

Jasmine Chang, CNBC Asia Pacific

이메일 읽으며 내 심장이 빨리 뛰었다. 지난번의 인터뷰가 무사히 통과가 된 것이라는 안도감이 들었지만, CNBC 아시아의 CEO와 인사담당 임원과 하게 될 다음 인터뷰도 잘 해낼 지 걱정이 되었다.

채널뉴스아시아와 일하기 위해서 했던 인터뷰, 수많은 임원들로부터 질문을 받아야 했던 그 인터뷰 절차와는 완전히 달랐다. 그러나 어떤 인터뷰이든 여유를 가지려고 애썼다. 내가 잃을 것이 없지 않은가? 나는 채널뉴스아시아에서 일하고 있고 당장 급하게 회사를 바꿀 필요는 없었다.

다음날 아침, CNBC아시아의 CEO와의 미팅은 CNBC 아시아의 본부가 있는 인터내셔널 플라자 빌딩에서 몇 블록정도 떨어진 호텔 커피숍에서 이루어졌다. 인터뷰 장소는 사람들 입에 오르내리지 않도록 CNBC 건물에서 약간 떨어진 장소로 정했다.

40대 중, 후반으로 보이는 미국인 CEO는 넥타이를 매지 않은 채 흰 셔츠를 입고 나타났고 갈색 머리의 인사 담당 임원과 함께 와서는 자리에 앉자마자 일 이야기부터 들어갔다.

그는 내가 중국의 쓰촨 성 지진에 대해 보도하는 것을 인상 깊게 지켜봤다고 했다. 그리고 내가 무척 잠재력이 있는 인재로 보였다고 했다. 그는 CNBC의 인재가 가져야 할 모습에 대해서 자세히 설명했다.

"지성과 재치와 개성이 있는 역동적인 사람이어야 합니다. 방송을 하다보면 사소한 언쟁도 있을 것이고, 그래서 토론을 하면서도 재치 있게 대화를 이어갈 수 있는 능력을 가진 사람이 좋아요. 물론 경제지식이 있어야 하는 것도 중요하죠. 당신의 걸림돌은 일반적인 뉴스만 해왔다는 것인데, 이것을 해낼 수 있을지 모르겠네요. 따라잡을 일이 많아요."

난 내 잠재력을 굳이 애써서 설명하지 않아도 된다고 생각했다. 그들이 내 능력을 의심했다면 이런 자리도 마련하지 않았을 것이기 때문이었다. 하지만 내가 경제뉴스를 진행하게 된다면 열심히 공부해야 할 것이라는 걱정에 나도 동의했다.

"경제 뉴스가 어려울 것이라는 건 이해하지만 불가능할 정도
의 난이도는 아니라고 생각합니다. 열심히 노력한다면 저는 충
분히 경제 뉴스를 보도할 수 있을 것이라고 확신합니다."

내가 자신 있게 대답했다.

"불가능한 난이도는 아니라고요? 허허, 그 표현은 처음 듣네
요. 경제 보도가 불가능할 정도로 어렵진 않다는데 나도 동의합
니다. 하지만 내가 의문을 가지는 점은 당신이 경제방송에 완전
히 적응할 때까지 과연 얼마나 걸릴 것이냐는 점이지요. 음, 생
각해봅시다. 만나서 반가웠습니다."

그는 나와의 대화를 마치고 인사 담당 임원과 함께 호텔 로비
의 유리 회전문을 나섰다.

도심의 아침 러시아워의 교통체증이 심각했고, 난 기다리면
서 내 앞날에 대해 생각해보았고 모든 것이 꿈같이 느껴졌다.

어느새 나는 채널뉴스아시아로 다시 돌아왔고 아무 일도 일
어나지 않은 것같이 느껴졌다. 그 인터뷰를 하고 나서 갑자기
드는 생각은 내가 인터뷰를 잘 해내지 못했다는 것이다. 하지만
CNBC와 일하지 못한다 하더라도 아쉬울 건 없었다.

세계 금융 상황은 점점 심각해져갔다. 서브프라임 모기지 사
태가 벌어지고 난 후에 경제 위기에 대한 우려는 커져만 갔다.

불확실성이 커질수록 금융전문가들과 경제학자들은 여기저기
에 불려 다녔다. 채널뉴스아시아에서 PD와 에디터는 업계 최고
의 금융전문가들을 출연시키려고 애쓰고 있었지만, 대부분의
전문가들은 우리에게 오기 전에 CNBC로 먼저 가고 있었다.

　하루하루 지나며 서브프라임 모기지 사태가 미국과 세계 경
제에 얼마나 큰 영향을 주는지가 확실해졌다. 세계 금융 위기로
인해서 CNBC라는 미국의 경제 전문 방송이 기록적인 시청률을
찍으며 유례없이 성장하게 되었다. 세계는 1930년의 대공황 이
후로 다시금 일어난 금융공황에 떨고 있었다.

글로벌 경제방송의 중심에 뛰어들다

◉

　모든 걸 내려놓고 다시 시작한다는 건 정말 힘든 일이다. 물론 이런 경험들이 사람을 겸손하게 만든다. 하지만 자신을 발전시킨다는 명목 하에 우리는 경쟁 속으로 뛰어들곤 한다. 그러나 그 경쟁으로 생기는 위험요소도 항상 염두에 두어야 한다. 나의 도전이 쉽게 풀리지 않고 계획대로 되지 않을 경우가 있기 때문이다. 물론 난 야심 때문에 늘 그런 결정을 한 것은 아니다. 다른 선택이 없어서일지도 모른다.

　방송계에 들어온 이후에 뒤를 돌아보지 않고 달려왔다. 매일 매일 무사함을 안도했고 만족하는 대신에 다시 도전에 나서곤 했다. 미지의 세계로 나를 내던지지 않았다면 지금의 나는 없을 것이다.

CNBC 입사는 내 커리어에서 매우 중요한 결정이었고 결국 난 그곳에서 일하는 것으로 결정이 났다.

* * * *

2008년 10월 나는 아직도 CNBC에 첫 출근을 하던 날을 기억한다. 아침 일찍 사무실로 들어서자 사람들의 시선과 수군거림이 느껴졌다. 나는 숨을 깊게 들이쉬고 혼잣말을 했다.

'이제 또 다른 시작이구나.'

이 미국 방송국은 사무실의 내부가 매우 현대적이고 역동적이었다. 보도국에 처음 발을 내딛으며 한눈에 보니 뉴스 룸은 작아보였고 백여 명의 사람들이 '인터내셔널 프라자'란 고층 건물의 6층에서 근무 중이었다.

내 자리로 걸어가며 호흡을 가다듬다보니, 채널뉴스 아시아에 첫 출근하던 날과 아리랑 TV에 첫 출근하는 날이 떠올랐다. 이제 앞으로 내 인생은 어떻게 달라질까? 걸어가면서 향후 몇 년간 내 삶이 어떻게 바뀔지에 대해 이런저런 생각이 떠올랐다.

내일은 오늘보다 나은 하루가 될 것이라고 기대하는 것 이외엔 내 미래가 어떻게 될 지 전혀 몰랐다. 난 생각에 잠겨서 다채로운 차트와 그래프가 뉴스 룸의 컴퓨터 스크린에 떠오르는 것을 보았다.

나름대로 준비한다고 했지만 난 그다지 금융지식이 풍부하지 않았다. 그래서 CNBC에서 내가 과거에 몸담았던 텔레비전 방송국들과는 다른 경험을 하게 될 것을 알았다. 다만 금융시장이 어떻게 돌아가는지에 대한 전문지식과 통찰력을 배우고 기를 시간이 주어졌으면 하고 바랐다.

* * * *

첫날부터 나는 비즈니스 저널리즘의 세계에 빠져들었다. 이 업계는 전부 숫자뿐인 것인가? 사람들은 어떻게 혼란스러운 금융시장에서 패턴과 의미를 찾아내는 것일까? 예술도 과학도 아닌 금융은 이제 내게 중요한 소명이 될 것이다.

가능한 한 빨리 배우려고 마음먹은 이후에 밤낮으로 나는 월스트리트 저널과 파이낸셜 타임즈, 이코노미스트 같은 경제 전문지를 차례차례 공부했고 회사의 이익, 주식시장과 채권시장에 관한 리서치들을 탐독했다. 외국환거래나 상품시장의 움직임도 공부했다. 다른 비즈니스 방송 프로그램을 아침부터 밤까지 보았다. 직장과 집만 오가는 마치 신병훈련소에 있는 것 같은 몇 달간의 지루한 일상이 계속되고 난 사교생활을 하지 못했다. 그러나 그건 그다지 힘들지 않았지만 대신에 어떤 회의감이 내 자신감을 먹어치우는 것 같은 기분에 사로잡혔다.

* * * *

　때로 내가 경제 전문 방송사로 온 것이 과연 옳은 선택인지 늘
자문했다. 몇 년간 쌓아온 일반 뉴스 제작에 대한 지식과 경력
을 내버린 것이 과연 내가 순진하거나 멍청해서일까? 완전히
새로운 시작을 하며 난 회의가 들어서 이전의 생활을 그리워하
기 시작했고 힘들어졌다.

　예전에 속보 때문에 스튜디오로 향할 때 나를 긴장시켰던 그
아드레날린을 그리워했으며, 지진, 쿠데타, 테러 공격으로 인한
뉴스 속보를 전할 때의 그 긴장감을 그리워했다.

　CNBC 뉴스 룸에서도 긴장은 넘쳤지만 난 속보를 전하는 사
람이 아니었다. 경제위기에 관한 보도가 이어지면서 내가 쓸모
없는 사람 같은 회의감이 들었고 나를 우울하게 만들었다.

　몇 달째 급변하는 금융 시장의 흐름에서 나 자신을 던져놓고
그 안에서 헤엄치고 가라앉기를 반복했다. 금융지식을 배우기
위해서 노력했지만 나 자신과의 싸움을 계속해야했다. 이 방송
국에서 일하는 내 자신에 대한 의심과 회의가 생길 때마다 난
내 자신을 확신시켰다. 이 터널을 지나면 반드시 끝이 있을 거
라고. 그리고 이것이 내가 진짜 하고 싶은 거라고, 경제전문 저
널리스트가 되는 것이 내가 하고 싶은 것이라고 굳게 믿었다.

벼랑 끝에서 서있는 것같이 느껴질 때는 은행에서 일했던 아버지로부터 금융적인 뇌를 유전 받았을 것이라고 되뇌면서 스스로를 다잡았다.

커리어의 위기가 찾아오다

◉

"카운트다운, 10, 9, 8……"

스튜디오 디렉터가 끝내라는 신호를 보내고, 난 보도를 마무리하려는 중이었다.

"지금 당장 끝내요. 마무리 지으세요."

스튜디오 디렉터의 목소리가 귀에서 메아리치고, 난 지쳤고 땀을 흘리고 있었다. 아시아 시장의 반응에 관한 중요 포인트를 아직 건드리지 못했다. 그러나 선택의 여지없이 난 항복하고 싶었다. 프롬프터에 많이 의지하는 대다수의 방송국과는 반대로 CNBC에서는 거의 45초, 1분, 혹은 1분 30초짜리의 짧은 애드리브를 해야 했다.

정해진 시간대를 넘어가면 스튜디오 감독의 카운트다운이 시작되었다. 모든 라이브 '히트'(텔레비전 업계에서 짤막한 보도를 지칭하는 말)가 급변하는 시장같이 정신없이 느껴졌다.

이러한 짤막한 애드리브는 CNBC의 특징이었다. 비즈니스 뉴스에서 주가의 움직임에 대해 설명할 때에 한 페이지를 꽉 채우는 신문기사를 방송에서는 60초짜리 멘트로 줄여야 하고, 그것은 많은 능력과 연습과 재능이 필요했다. 쟁점이 될 가장 중요한 부분을 이해하는 동시에 그것을 간단명료하게 전달해야 했다.

나는 몇 몇 CNBC의 베테랑들이 예술적으로 짧은 라이브 멘트를 해내는 것을 경이롭게 바라보았다. 내가 아무리 열심히 노력해보아도 나는 비틀거렸고 패배감에 젖었다. 너무나 많은 요소를 담고 있는 비즈니스 기사를 60초안에 개념화할 수 있는지 정말 신기할 따름이었다. 전에 보도를 할 때엔 항상 60초가 아닌 2, 3분이 주어졌었는데, 이 생방송은 나를 혼란스럽게 만들었고 난 점점 회의에 빠져들었다.

* * * *

어느 날 아침, 제임스가 나를 사무실로 불렀다. 내 침울한 기분과는 반대로 그는 명랑해보였다.

그는 유튜브에서 흘러나오는 힙합음악에 맞춰 고개를 흔들고 있었다. 그는 컴퓨터 화면을 내 쪽으로 보여주며 말했다.

"이 신인 아티스트를 아나요? 멋지고, 노래가 너무 좋네요."

난 컴퓨터 화면을 힐끗 보았지만 그가 누구인지 전혀 몰랐다. 난 힙합이건 뭐건 그 어떤 음악도 듣기 싫었고 침울하고 패배감에 젖어있었다. 업무에 잘 적응한 상태도 아니었기에 난 기운 없이 그의 앞에 앉아있었다.

그가 나를 기운차게 해주려고 한 시도가 먹히지 않자, 미소를 띠며 진지하게 말했다.

"당신의 최근 방송에 대해 리뷰해볼까요? 이번 주 방송 중에 어떤 영상을 다시 볼지 고르세요. 어떤 게 가장 잘한 것 같아요?"

"당신이 고르세요. 아무것도 마음에 들지 않아요."

나는 한숨을 쉬며 말했다.

최근 방송을 보고는 난 다시 움츠러들었다. 방송에 나온 내 자신을 보는 것은 순전히 고문의 순간이었다. 내가 한 방송은 단 하나도 마음에 드는 점이 없었다. 그는 내가 발전해야 할 부분을 예리하게 비평해주겠다고 했다.

난 웅얼거렸고, 간결하지 않았으며 문장을 길게 말했고 마지막에 웃는 것을 잊었다는 것이다. 그 순간, 구멍을 파고 들어가

긴 겨울잠을 자고 싶었다. 나는 회의감에 사로잡혔고 어떻게 이렇게 한심한 상태에 이르렀는지에 대해 생각했다. 그러면서 몇 달 전의 당당한 내 자신을 떠올렸다. 난 생기 가득하고 자신감 넘치는 사람이었다.

'대체 나에게 무슨 일이 있었던 거지?'

이렇게 생각하며 갑자기 나만의 생각에 사로잡힌 채 앞에 놓여있던 종이에 펜으로 끄적거리기 시작했다. 금세 두개의 슬픈 얼굴이 나타났다. 하나는 눈 주변에 눈물 같은 점이 그려져 있었다. 굉장히 침울한 얼굴이었다.

난 긴장된 마음을 해소하듯이 계속 그림을 그리기 시작했다. 두 개의 슬픈 얼굴은 이제 몸통이 있었고 머리카락, 옷, 신발이 생겨났으며 금세 남과 여, 한 쌍이 되었다.

이 그림에 어떻게 생명력과 색깔을 더해야할까 생각하던 중에 제임스의 목소리를 들었다.

"클로이, 지금 뭘 하고 있는 건지 물어봐도 될까요?"

그의 목소리를 듣고 난 현실로 돌아왔고 갑자기 부끄러워졌다.

"죄송합니다, 너무 죄송해요."

내가 미안해서 몇 번 사과를 했다. 그런데 막상 제임스는 내가 무엇을 그렸는지 보고 싶어 했다.

"나를 그린 거예요? 아니면 자신을 그린 거예요? 클로이, 지금 괜찮아요?"

그는 말하며 웃었다. 다행히 그는 내 행동을 심각하게 받아들이지 않고 껄껄 웃었다. 그리고 그는 내 눈을 똑바로 바라보며 말했다.

"당신이 노력하고 있는 것은 알지만 충분하지 않아요. 훨씬 짧은 시간 내에 더 많이 따라잡아야 할 것 같아요. 내가 할 수 있는 가장 좋은 조언은 당신이 'Embed' 즉 마치 전쟁이나 전투 중 군부대에 파견된 것처럼 금융시장의 흐름을 일상생활화 해야 합니다."

그가 말한 'Embed'란 단어가 신경이 쓰였다.

"Embed, 종군기자처럼 일해야 된다고요?"

나의 말에 그가 다시 충고했다.

"이 시점에 당신이 해야 할 일은 금융 시장 안에 살고 그 안에서 숨 쉬는 것이에요. 마치 당신이 입고 다니는 옷인 것처럼 자연스럽게 이해해야 합니다. 당신이 현재 있는 곳과 우리가 당신이 있었으면 하는 곳이 좀 달라요. 요점을 정리하자면 당신은 빨리 변해야 합니다. 당신은 뭔가 지금 바뀌어야 합니다. 내가 할 수 있는 말은 이게 다에요."

그의 충고는 내 마음속에 수많은 생각을 하게 하였다. 하루

종일 내가 어떻게 이 신세계 안에 나 자신을 '몰입하는 것'에 대해 생각했다. 'Embed'라는 건 대체 여기에서 무슨 뜻인 걸까?

그 단어는 이라크 전쟁 때 종군기자들이 군부대에 파견되어 군인들과 일상생활을 같이 하는 상태를 설명하는 단어였다. 그렇게 함으로서 그들은 병사들과 가장 가까이 있었고 전쟁에 대한 통찰력 있는 기사를 쓰거나 생방송 보도를 할 수가 있었다.

금융 시장의 관점에선 무엇일까? 내가 내부로부터 정보를 얻기 위해서 믿음직한 정보원을 구해야하는지, 이런 뜻인가? 난 혼란스러웠다.

* * * *

그 주에 나는 초저녁부터 바에 갔다. 힘들고 길었던 한주가 지나고 난 술이 필요했다. 이건 나만의 금요일 밤의 휴식이고 다음날 아침에 일찍 일어날 필요도 없었다. 슬프기도 했지만 그래도 냉정하게 생각할 필요가 있었다.

친구들이 올 때까지 기다리며 로제 와인 한잔을 주문했고 금융의 세계에 어떻게 몰입할 지에 대해 생각했다.

와인 몇 모금을 마시자, 깔끔하게 차려입은 활기찬 남자들이 보였다. 일이 끝난 후 맥주를 마시며 피로를 풀고 있는 그들은 은행가 같았다. 번개같이 아이디어가 하나 떠올랐다.

'저 남자들 중 누군가와 데이트를 한다면 내가 금융에 대해 알고 싶은 것을 가르쳐줄까?

이런 생각이 들자, 곧바로 그들 한사람, 한사람을 자세히 관찰하기 시작했다. 키가 크고 진갈색 머리카락과 친절한 눈의 잘생긴 남자가 눈에 띄었다. 그는 상냥하고 지적이지만 결혼반지를 끼고 있었기에 적합하지 않았다.

그의 옆에 있는 남자로 시선을 돌렸지만 그는 대머리였고 배가 나왔고 계속 음식과 음료를 흘리면서 먹어서 그다지 매력적이지 않았다. 그의 옆에 앉은 수염 기른 남자로 관심을 돌렸다. 그는 키가 좀 작았고 들창코였으며 약간 이상한 몸매였다.

이제 세 사람으로부터 눈을 떼고 조명이 낮은 바 건너편을 바라보았다. 남자들이 많이 있었지만 금융지식에 관해서 도움 받으려는 목적으로 그들과 데이트를 한다는 생각을 하니까 갑자기 골치 아팠다.

잠시 후 내 친구들이 왔고 우리는 와인 한 병을 시켰다. 그러면서 든 생각은 그냥 내 스스로 책을 읽으며 죽기 살기로 노력하자는 것이었다. 금융계의 남자와 데이트하는 생각은 버리자. 내가 자연스럽게 아무런 목적 없이 금융계 남자를 만나는 일이라면 이상적이지만, 어떤 목적을 갖고, 즉 그들이 내가 필요한 정보와 지식을 흡수하는 것을 도와줄 것이라고 기대하고서 만났는데, 그가 나의 뜻대로 해주리라는 아무런 보장이 없었다.

'이 업계에 대해 잘 아는 사람들과 최대한 많이 이야기해보아야 한다. 애널리스트, 경제학자, 펀드매니저, 채권중개인같이 내 시야를 넓혀줄 수 있는 사람들과 친해져야 해.'

난 결국 이런 결론에 도달하고야 말았다. 데이트 상대를 만나려 하기 보다는 내가 직접 해당 전문가에게 전화를 걸어서 인맥을 넓히리라 마음먹었다. 그러자 내 삶이 서서히 변하기 시작했다. 늘 밤낮으로 금융관련 읽을거리들을 탐독했다.

어느 날 새벽 1시쯤 되었을 때 깨어났는데 파이낸셜 타임즈와 월스트리트 저널과 이코노미스트 잡지가 침대 주변에 펼쳐져 있고, 거기에 '파묻혀 있는(embedded)' 나 자신을 발견했다. 불도 안 끄고 책을 읽다가 잠이 든 것이다.

난 반쯤 떠진 눈으로 펼쳐진 신문과 잡지를 치웠고 불을 끄며 침대 안으로 들어갔다. 나는 혼자 이렇게 중얼거리며 웃었다.

'난 완전히 파묻혀있네(I'm embedded.).'

뉴욕, 런던, 싱가포르를 생방송으로 연결하다

금융시장에 대해 더욱 깊이 이해하게 되자, 시간이 약이란 말이 있듯이 조금씩 자신감을 얻기 시작했다.

어느 날 아침, 제임스가 사무실로 나를 불러 이렇게 말했다.

"담당 진행자가 병가를 냈는데, 두 시간 뒤에 하는 아시아와 유럽을 연결하는 생방송 프로그램을 진행할 수 있어요? 런던의 앵커와 함께 진행되는 방송입니다. 당신과 그 진행자 사이에 시간차가 있을 겁니다. 일단 스튜디오 감독의 큐사인을 잘 들으면 돼요."

제임스의 제안에 난 망설임 없이 말했다.

"네, 최선을 다해볼게요. 기회를 주셔서 감사합니다."

제임스와 말을 마치고 내 자리로 돌아오며 눈물이 흘러내렸다. 내가 열심히 노력하고 있다는 것을 누군가 알아주었던 것이다.

어두운 터널 끝엔 빛이 있는 것처럼 그동안 수많은 금융관련 지식을 얻은 보람이 있었다.

생방송 준비를 하며, 금융차트와 화면을 확인하고, 재빠르게 세트를 가로질러 핀 마이크와 인이어를 꽂았다. 내 앞의 프로그램 모니터가 CNBC의 런던 스튜디오를 잠깐 보여주었다.

아름답고 조각 같은 금발 여자가 지구 반대편에 있었고 난 생방송에 나갈 준비가 되어 있었다. 런던은 새벽 5시였고 싱가포르는 정오 12시였다. 드디어 생방송이 시작되었다.

(Betty)

Good morning from Europe. I'm Betty Sheehan.

유럽에서 인사드립니다. 베티 시한입니다.

(Chloe)

Good afternoon from Asia. I'm Chloe Cho. This is Capital Connection. Here are your headlines on CNBC……

아시아에서 인사드립니다. 클로이 조입니다. 이 방송은 Capital Connection입니다. CNBC의 헤드라인은……

* * * *

CNBC에서 5년 반을 일하고 나니, 새삼 창의적인 일에 대한 갈망이 생겼다. 앞으로 5년을 더 경제방송에서 일한다고 생각해보니 내 마음이 아니라고 거부하는 것 같았다.

난 늘 내 직감을 따르는 편이다. 홍콩, 상하이 등에서도 일하자는 제의는 많았지만 직책만 바뀌고, 회사 이름만 바뀌고, 사는 환경만 바뀌는 것일 뿐, 내 인생에 새로운 도약이 될 거 같지는 않았다.

난 더 나은 단계로 가고 싶었다. 그런데 내가 일했던 채널뉴스아시아에서 새로운 제안을 했다. 전부터 해왔던 뉴스제작이 아니라 프로그램 제작에 관한 일이었다. 프로그램을 새롭게 구상하고, 진행하고, 직접 제작을 책임지는 것이다. 다람쥐 쳇바퀴 같은 익숙한 일이 아니라 새로운 분야였다.

요즘 국제뉴스는 뉴미디어의 도전을 받고 있다. 트위터, 페이스북, 유튜브 등이 활발해지면서 뉴스 미디어의 독점적인 역할이 줄어들고 있는 상태이다. 특종이 일반시민들로부터 나오고 있다. 따라서 시청률과 광고매출이 줄어들고 있고 광고가 디지털매체로 이동하고 있는 상황이다. 라디오의 시대에서 텔레비전의 시대로의 전환, 흑백시대에서 컬러시대로 전환되는 시기처럼 말이다.

방송 프로그램 제작은 콘텐츠의 제공이라는 측면에서 여전히 부가가치가 높은 산업이다. 그래서 나 역시 프로그램 제작, 프로그램 진행 위주로 커리어의 방향을 바꾼 것이다. 뉴스는 항상 새롭고 신선한 것이 필요하고, 이미 지난 것은 가치가 없어진다. 그게 힘든 점이다.

이제 내 커리어의 또 다른 전환점이 시작되었다. 사람은 다양한 경험을 해보는 것이 중요하다. 여러 가지 경험을 해봐야 세상이 변하고, 업무 환경이 변하더라도 살아남을 수 있다.

늘 자신을 변화시키는 걸로 유명한 세계적인 가수 마돈나 같이 자신을 트랜스폼(transform) 해야 한다. 그래야 이렇게 빨리 변하는 세상에서 내가 있을 자리가 유지되는 것이다.

난 이제 채널뉴스 아시아로 돌아가서 새로운 비즈니스 프로그램을 런칭 하는 작업을 하고 있다. 그 하나는 전 세계의 시장 동향 분석하는 비즈니스 프로그램이다.

그리고 'Start-Up' 이라는 창업 리얼리티 쇼를 시작한다. 전 세계에서 온 지원자들이 벤처캐피탈에서 지원하는 창업자금 2백만 달러를 차지하기 위해서 경쟁하는 프로그램이다. 수많은 지원자 중에서 20팀에서 30팀을 추리고, 그 다음으로 9개 팀을 선정해서 파이널리스트들이 자신들의 창업 아이디어를 가지고 2

명의 벤처캐피털리스트를 포함한 세 명의 심사위원을 설득하는
리얼리티 프로그램이다.

　이제야 뉴스 룸에서 벗어나 진짜 실무에 뛰어드는 기분이다.
나의 커리어의 새로운 장이 시작될 것이다.

클로이의 Life Lesson I

프로페셔널의
자기 관리 노하우

정해진 운명이란 없다

◉

많은 젊은 여성들이 독립적으로 살려고 노력하고 있다. 개인적으로나 직업적으로나 열심히 살아가려고 애를 쓰지만 여성으로서의 삶은 그리 쉽지 않다. 난 여성들이 결혼 후에 많은 걸 포기하는 걸 보아왔다. 가정이냐, 일이냐를 선택하는 건 쉽지 않은 일이다.

아내로서, 어머니로서, 커리어 우먼으로서 너무나 많은 역할이 여성에게 주어진다. 그래서 그걸 다 잘해내는 건 너무나 힘들고 결코 끝나지 않을 싸움이 되기 쉽다. 그래서 많은 여성들이 결혼을 늦추고 심지어 30, 40대가 되어도 아이를 갖지 않곤 한다.

나 역시 일에 파묻혀 살다가, 운명의 상대를 만나고 싶다는 생각을 하곤 했다. 그리고 과연 나의 소울메이트를 언제 만날 수 있는지, 내 운명은 어떻게 흘러가는지 궁금해서 해가 바뀌면 종종 점을 보러 다니곤 했다. 다른 또래 여성들처럼 말이다.

당시에도 종종 운명이란 개념에 흔들렸고 인생이 이미 예정되어 있을까 궁금했다. 과연 내 인생도 이미 예정되어 있을까? 내 미래를 볼 수 있다면, 내가 내 운명을 미리 알아서 운명을 바꿀 수 있다면 얼마나 좋을까? 그런 상상을 하고 점쟁이를 찾곤 했다.

뉴욕의 점쟁이를 찾다

매년 해가 바뀌면 나 역시 다른 사람들처럼 그 해의 운세와 별점을 보곤 했는데 특히 2000년 여름의 일이 기억난다. 당시 나는 뉴욕을 여행 중이었는데, 할리우드 유명인사도 와서 점을 본다는 유명한 점쟁이를 찾아갔다.

그녀는 영적인 치유사로 통해서 이미 영화계와 유명인사 고객을 두고 있었다. 2년 동안 예약이 마감된 상태였지만 운 좋게 그녀와 상담 자리를 마련할 수 있었다. 당시 나는 마치 이게 좋은 징조라고 생각했고 두근거리며 그녀를 보러 들어갔다.

그녀는 만나자마자 나를 보고 말했다.

"당신은 여기 살지 않네요. 영화계나 방송계에 일하고 있나요? 직업이 뭐죠? 내 느낌으로는 당신이 1년이나 2년 후에 이곳 뉴욕으로 이사 올 것 같고 앞으로 J나 G로 시작하는 이름을 가진 남자를 만날 거예요. 그 남자는 당신의 소울메이트가 될 거예요. 이름은 정확하게 나오지는 않는데, 미국인이나 유럽인 혹은 아시아인일 수도 있죠."

그녀가 이렇게 자세하게 말했다.

"사실 전 티비 진행자예요 뉴스를 보도하는 일을 하죠. 한국의 방송국에서 일하고 있어요."

내가 그녀에게 말했다.

"당신은 알지 못하는 사이에 세상이 변할 것이며 다양한 기회를 갖게 될 겁니다."

그녀가 이렇게 점괘를 말해주었다. 그리고 그녀와의 상담을 마치고 일어서면서 시간당 상담비 400달러가 가치가 있다고 믿었고, 나중에라도 그녀가 예언한대로 내 인생에 무언가 일어나길 바랐다. 그녀를 만난 후에 이름이 J나 G로 시작하는 남자를 만날 때마다 가슴이 설렜다. 그런데 시간이 지나서 그 점쟁이가 예언한 것과는 아주 다르게 일이 흘러갔다

지난 몇 년간 많은 남자들이 주변에 있었다. J나 G로 시작하는 사람을 만나면 혹시 그 사람이 아닐까 생각했고, 데이트도 해보기도 하는 등, 그 점쟁이의 말에 영향을 받았다. 그런데 지

나보니 잘못된 생각이었다. 나의 인생은 내가 만들어나가는 것인데, 점쟁이의 말에 의지하다니 말이다.

내 인생은 내가 만드는 것이다

무려 10년이 지난 이 시점에서 난 뉴욕과는 지구 반대편에 위치한 싱가포르에 살고 있다. 그리고 내 소울메이트의 이름은 그녀가 예언한 것과는 다르다.

내 소울메이트의 이름은 J나 G로 시작되지 않는다. 그럼에도 불구하고 나는 그를 알아볼 수 있었고 내가 그와 어울린다는 걸 알 수 있었다. 중요한 것은 난 내게 어떤 사람이 맞는지 알아볼 수 있었다는 것이다.

결국 인생은 내가 만드는 것이다. 점쟁이가 내 삶을 예측할 수는 없다. 내 길을 계획하는 것은 본인이다. 스스로의 인생을 만들어 나가야 한다. 인생의 변화를 원한다면 사고하는 방식을 바꿔야 한다. 크던 작던 야망을 갖고 열심히 일하고, 열정적이어야 한다. 그러면 행운이 다가온다. 무슨 일을 하던, 어디에 있던, 역경은 늘 일어나고 그걸 능숙하게 지혜롭게 극복하는 것은 운명에 달려있는 것이 아니라, 오로지 자신에게 달려있다.

직장 내의 보이지 않는 암투를 다루기

　　엄청난 기대는 엄청난 실망을 불러올 수도 있다. 1996년에 말에 아리랑TV에 입사하고서 열정적으로 일했고 차근차근 일을 익혀나갔다. 그러나 문제는 예기치 못한 곳에서 차츰 흘러나왔다. 난 아무리 노력해도 여자 동료들 사이에서 겉돌기 시작했다. 내 위치가 올라갈수록 경쟁은 더욱 치열해져갔고 인간미를 찾아볼 수 없었고 내 마음은 더 삭막해져만 갔다.

　　동료들 간에 눈에 보이지 않는 경쟁이 치열한 방송국내에서 상황이 최악에 이르렀을 때였다. 저녁 뉴스 더빙을 위해서 뉴스룸 안의 작은 녹음부스로 들어갔을 때의 일이다.

　　금고같이 생긴 방음문을 닫으려고 할 때 갑자기 어떤 여자의 손이 쑥 밀고 들어왔다. 그 여자는 나이 든 여자 동료였다. 덩치가 커다란 그 여자가 들어섰고, 그 녹음 부스는 너무 작아서 두 사람이 있기는 답답했다.

"난 네가 방송을 하면 안 된다고 생각해."

그녀는 퉁명스레 말했다.

난 잘못 들었는지 내 귀를 의심했다.

"뭐라고요? 뭐라고 말했어요?"

내가 너무나 당황해서 말했다.

"우리들은 네가 이 방송국에 맞지 않는다고 생각해. 목소리는 좋으니 차라리 집에서 녹음이나 하지 그래?"

그녀의 말을 듣자마자 심장이 빠르게 뛰었고 몸이 밑으로 가라앉는 기분이었다. 하지만 난 바쁘고 냉정한 체 했다.

"정확히 우리가 누구에요? 그리고 지금 난 방송을 준비해야 하고 시간이 없어요. 나가줄래요? 나중에 이야기하죠."

내가 단호하게 말하고 몸을 돌렸다. 마이크를 조종하고, 오디오 장치의 버튼을 누르고, 녹음을 준비했다. 좀 머뭇거리다 그녀가 나가자 나는 헤드폰을 벗고 깊은 한숨을 내쉬었다. 손은 떨리고 머리는 빙빙 돌고 있었다. 일단 지금은 내가 잘 대응한 거 같아서 안심은 되었다. 어이가 없어서 화도 나지 않고 오히려 머리는 냉정해졌다.

'그래, 그 여자는 처음부터 나를 싫어했어.'

이런 생각밖에 들지 않았다.

그 이후로 난 그들이 날 처음부터 좋아하지 않았고 내가 아무리 다가가려 해도 소용이 없었다는 걸 깨달았다. 내가 방송국 안에서 승승장구하자 그들은 뒤에서 나를 더욱 힘들게 만들었다.

어느 날, 갑자기 화장실에서 감정이 북받쳐서 왈칵 눈물이 났다. 번진 마스카라를 지우고 파우더를 다시 바르며 눈물 자국을 없애려고 애썼다.

그때 화장실 바로 밖에서 발소리가 들리고 여자동료 한 무리가 웅성거리는 소리가 들렸다. 그때 난 그녀들이 나를 배척하는 무리들이란 걸 알았다. 난 재빨리 화장실 안에서 가만히 숨죽이고 있었다. 상황을 악화시키고 싶지 않았다.

그들은 영어와 한국어를 섞어서 말하며 쉴 새 없이 떠들었다. 그리고 잠시 후에 그들이 떠났다. 난 갑자기 내가 처한 상황이 얼마나 안 좋은지 깨달았다.

'내가 이 직장을 관둬야 하나?'

바로 그때 나를 힘들게 했던 중학교 시절의 가발 사건이 떠올랐다.

남들이 넘보지 못할 실력을 갖춰라

미국 LA에서 중학교를 다니던 무렵, 그날 특별한 오후를 잊을

수가 없다. 거의 수업을 마치는 시간, 복도 사물함에서 책을 정
리하며 있었는데, 키가 큰 9학년짜리 흑인이 뒤에서 다가와 내
머리를 잡고 가발을 잡아당겼다. 나는 땅에 엎어졌고 가발은 뒹
굴었다.

그 흑인 애가 웃음을 터트렸고 소리쳤다

"거봐, 내말이 맞았어! 너 가발 쓴 애지! 가발 쓴 애!"

그 애는 깔깔거리며 소리쳤고 박수까지 치면서 즐거워했다.
당시 난 사고로 인해서 치료 받느라 머리를 빡빡 깎은 상태라서
가발을 썼었고, 그게 창피해서 아무에게도 말을 안했다. 아무도
내가 가발을 썼는지 몰랐으면 하고 바랐을 뿐이었다. 하지만 이
제 다 드러나게 되었다.

난 사방에 흩어진 책을 모으고 가발을 챙겼다. 그러자 여기저
기서 학생들이 모였고 아이들이 모두 모인 곳에서 난 머리카락
이 아주 짧게 몇 센티 자라있는 내 머리를 그대로 드러내 보이
고 말았다.

난 고개를 숙이고 내 가발을 고정시키는 망을 썼다.

'왜 사고 당시에 죽지 않고 이런 망신을 당하는 걸까?'

앞으로 내가 가발을 쓰고 다니는 여자애라는 소문이 쫙 퍼질
것이다. 난 가만히 그 흑인아이를 노려보았다. 내가 노려보자
당황한 그 아이는 날 몇 분간 가만히 쳐다보더니 몸을 돌려 뒤

돌아서 갔다. 지켜보던 아이들도 다들 돌아가고 복도에서 난 혼자 가만히 서 있었다.

잠시 후 난 미친 듯이 뛰고 또 뛰었다. 숨이 너무 차오르고 힘이 없어질 때까지 달리고 또 달렸다.

집에 도착해 방으로 가서 가발을 침대에 내던지고는 침대에 쓰러져서 몇 시간동안이나 울었다.

'내 인생은 왜 이리 힘들지?'

싸구려 가발을 사준 어머니에 대한 원망도 커졌다. 사고로 인한 수술을 받고 나서 수술 후에 내 모습이 바뀌는 것이 너무 두려웠다. 체중도 빠지고, 지팡이를 짚고 절뚝거렸으며 이마에 흉터가 있었다. 머리는 수술로 인해서 깎였고 수술자국이 선명했지만 가발로 간신히 내 모습을 유지할 수 있었다. 난 마치 크리스마스 휴일에 아무 일도 일어나지 않은 것처럼 이전의 평범했던 일상으로 돌아갈 것 같았다. 그러나 그 가발 사건은 나를 충격에 빠지게 했다.

며칠 뒤에 어머니는 나를 LA 시내 근처에 있는 가발가게로 데려갔다. 난생처음 가게 된 가발가게에서 오색찬란한 색의 다양한 가발들을 보고 놀랐다. 금발, 진한 금발, 짙은 갈색, 밤색, 파란색, 자주색, 검은색, 그리고 다양한 모양들, 꼬불꼬불, 굽슬굽

슬, 짧은 머리, 긴 머리, 앞머리가 있는 중간머리까지 엄청난 종
류가 있었다.

"어떤 가발이 제일 싼가요?"

어머니가 한국인 가게 주인에게 묻자 주인은 구석의 몇 개를
가리켰다.

"무슨 일이 있었나요? 어린 나이인데."

그는 나를 흘깃 보며 어머니에게 물었다.

"아주 끔찍한 사고를 당했어요. 뇌진탕으로 혼수상태에서 깨
어났어요. 살아난 것도 기적이에요."

어머니의 대답에 주인은 고개를 끄덕였다.

"따님이 아직 예민한 나이니 가장 좋은 가발을 쓰는 게 어떨까
요? 외모에 민감한 나이인데. 사람머리카락이라서 아무도 눈치
채지 못할 거예요."

"아직 어리니 머리가 빨리 자랄 거라서, 가발은 잠깐만 쓸 거
예요, 너무 비싼 가발은 필요 없어요."

어머니는 이렇게 말하고 합성 모로 만든 싼 가발 쪽으로 가서
하나를 집었다.

"이건 얼마죠?"

"12불 99센트에요."

마치 다이애나 왕세자비의 헤어스타일과 비슷한 가발이었다.
그다지 예쁘거나 멋지지 않았다. 게다가 써보니 더 안 예뻤지만

어머니에게 그 가발이 싫다고 말할 수가 없었다. 사고에 대한 죄책감이 컸고 더 이상 부모님께 경제적인 부담을 주기 싫었기 때문이었다.

그때의 아픈 기억이 트라우마처럼 머릿속에 다시 살아났다. 난 화장실에 혼자 앉아서 깊은 한숨을 내쉬고 나를 추스르기로 했다. 사실 상황은 그때보다 그다지 나쁘지 않다. 커리어도 승승장구하는 상태이고 내 나이도 이제 성인이었다. 난 메이크업을 고친 후에 다시 뉴스 룸으로 가서 아무 일 없듯이 일에 몰두했다.

이런 나의 경우처럼 직장 내에서는 보이지 않는 경쟁과, 시기심과 여러 갈등 상황이 종종 벌어지곤 한다. 난 이런 상황들을 실력으로 제압하고자 노력했다. 쉬지 않고 방송기술을 익히고 현업에서 당장 필요한 실무를 하나 하나 익혀 갔다. 그렇게 하다 보니 남들이 결코 무시하지 못할 실력이 갖춰졌고, 경쟁자들이 넘보지 못할 실력이 길러지자 힘든 상황에서 서서히 벗어날 수 있었다.

지금 힘든 경쟁 상황에 노출되어 있다면 남들이 대체하지 못하는 강력한 경쟁력을 갖추라고 조언하고 싶다. 늘 업무와 연관된 사항을 공부하고, 탁월한 업무 능력을 갖춘다면 이런 치열한 경쟁 때문에 벌어지는 갈등 상황을 잘 해결해 나갈 수 있다.

예기치 못한 역경에 맞서라

◉

지금도 몇 년 전 어느 날 아침에 일어난 일이 생생하게 기억이 난다. 그날은 내가 일하던 방송사에서 처음으로 중요한 프로그램의 진행자를 맡게 되었다가 곧바로 누군가에 의해 밀려났던 날이다. 아무런 사전 예고 없이 방송 직전에 통고를 받게 되었던 그 아침의 일이 잊히지 않는다.

당시 난 방송을 앞두고 열심히 연습하고, 12페이지 프로그램 대본을 다 외웠고, 피디들과 총연습까지 했다. 그리고 그 전날 밤에 최종 점검까지 해놓은 상태였다. 대사를 복습하고 새벽까지 연습했다. 내가 진행하는 프로그램이란 생각에 잠까지 설쳤다.

그런데 일이 생겼다. 어떤 유력한 정치인이 압력을 넣어서 임원들이 그 정치인의 청탁 전화를 받고 계획을 수정했다. 그 정치인은 자기 딸(경험도 없는 나의 동료)이 진행을 맡게 해주라고 청탁한 것이다.

이 정치인의 딸인 내 동료는 내가 맡기로 한 프로그램을 너무나 원했다. 그래서 청탁압력을 넣었고 프로듀서들은 경영진의 결정을 받아들여야 했다.

난 그 사실을 믿을 수가 없었고 너무나 당황하고 실망했다. 내가 방송 직전에 세트장으로 걸어들어 가는 그 순간에 갑자기 진행자가 바뀌었다는 통보를 받았다. 잔뜩 기대에 차서 걸어 들어가던 나는 그 말을 듣고 고개를 떨어뜨리고 비참한 얼굴로 스튜디오를 걸어 나왔다.

물론 그 과정은 드라마틱했지만 상황은 냉정하게 마무리되었다. 진행자 교체 통보를 받은 순간, 난 소리를 지르거나 화를 내지도 않았다. 심지어 눈물조차 흘리지 않았다. 나의 반응은 냉정한 침묵이었다. 그 말이 너무 충격적이어서 어떻게 대응해야 할지 몰랐다. 난 내 자리로 돌아와서 앉으며 아무 일도 없던 것처럼 그날 하루 일정을 소화했다.

그리고 며칠이 지난 후에 그 모든 상황이 제대로 파악되었다. 난 분명 내가 있어야할 자리에서 부당하게 밀려난 것이었다. 그

불의하고, 정치적인 거래의 희생양이 나였다는 생각에 분노했지만 이미 상황은 종료된 상태였다.

내 자리를 빼앗은 그녀와 굳이 싸우거나 충돌할 이유도 없었다. 이미 결과를 뒤엎을 수 없는 거 아닌가. 그러나 그런 불공정한 거래는 언젠가는 대가를 받게 될 거라고 믿었고, 정의는 언젠가는 힘을 발휘할 거라고 믿었다. 내게 더 좋은 날은 반드시 올 것이고 아직 젊었던 나는 희망이 유일한 친구였다.

냉정한 자기평가가 필요하다

인생은 너무나 예측불가능하다. 열심히 일하고 공정하게 살아간다면, 그에 상응하는 보상이 있으리라 생각했지만, 상황은 더 안 좋게 흘러가기도 했다. 심지어 한두 달 후에는 내 자리가 서서히 줄었다.

내가 방송에서 얼마나 열정적으로 일했고, 힘들게 이 자리에 올라왔는데, 그런 내 노력이 보상받지 못하고 방해만 받았다. 바닥부터 올라와서 순전히 내 노력으로 만들어낸 자리였는데, 이런저런 상황 때문에 내 위치가 흔들리고 있었다.

나는 혼란스러웠다.

'내가 너무 열심히 해서, 야심에 차서, 벌을 받는 것일까?'

그런데 시간이 지나서 보니 그것은 아니었다. 역경은 인생의 일부이고 나를 더 단단하게 만들어주었다. 중요한 것은 그 역경에 대한 나의 반응이다. 좌절했더라도 포기하지 말고, 장애물을 넘어서면 다시 여전히 살아있는 자신을 볼 것이다.

난 내가 처한 어려운 상황이 단지 나 자신에 대한 시험일뿐이라고 생각한다. 상황이 더 악화되지 않음을 감사해야 한다. 인생이 불공평하게 보여도 결국 성공의 길은 어딘가에 기다리고 있다.

그 이후에 얻은 깨달음은 최악의 상황에 있더라도 나의 틈새와 나만의 강점을 찾아야 한다는 것이었다. 그렇기 위해서 냉정한 자기평가를 하게 되었다. 강력한 정치적인 배경이 있는 사람이 내 자리를 뺏으려고 할지라도 넘어지지 않고 내 자리를 지킬 수 있도록 나만의 능력과 힘을 가져야 한다는 것을 깨달았다. 누구도 대체 가능하지 못한 지식과 능력을 더 갈고 닦아야 했다.

그리고 난 실행에 착수했다. 방송을 철저하게 이해하려고 손에 카메라를 들고 비디오 저널리스트로 돌아다녔다. 신선한 기사거리를 찾아다녔고, 인터뷰할 사람들을 찾아다녔다. 비디오를 찍고, 편집하고 제작했다. 노련한 베테랑 기자, 편집자들에게 끝없는 질문을 해댔고 모든 단계를 다 배웠다.

카메라 앵글과 프레임을 연구하고 숙련된 카메라맨들을 관찰했다. 프로듀서들과 편집자들에게 조언을 구했다. 동료와 아이디어를 나누고, 대본을 연습하고, 저널리즘과 제작과정을 배우는데 최선을 다했다.

시간이 흐르면서 영상과 오디오가 어떻게 혼합되어서 그 묘미를 발휘할 수 있는지 알게 되었다. 이렇게 실력을 쌓다보니 주변 환경이 내게 우호적으로 바뀌기 시작했고 서서히 주위 사람들에게 인정받고 있었다.

자기 희생 없는 성공이란 없다

인생은 역경으로 가득 차 있다. 때론 슬프기도 하고, 자기희생도 필요하다. 화려하게만 보이는 모든 성공 스토리 뒤에는 이런 희생, 눈물, 고통이 있다.

밑바닥에서 하룻밤사이에 성공했다는 이야기는 흔하지 않다. 쉽게 성공하면 쉽게 잃어버리기도 한다. 시련과 상처받지 않고 성공하기는 힘들고, 희생 없이 성공한 경우는 그리 오래 가지 않는다.

만일 여러분이 가족의 든든한 뒷받침, 집안의 배경과 학벌 등의 네트워크가 없이 성공하려면 더욱 발버둥 치며 노력해야 한다. 1백 퍼센트의 노력과 강한 집중력이 필요하고, 때론 주변의 경쟁자들은 당신보다 더 똑똑하고, 예쁘고 더 능력 있다.

그러나 뜻이 있는 곳에 길이 있다는 격언은 언제나 들어맞는다. 꿈을 성취하는 것, 갈망하는 인생을 살게 되는 지의 여부는 오로지 자신의 손에 달려있다. 사실 나 자신의 경험으로 본다면 마치 삶과 전쟁하듯 치열하게 살아온 순간들이 있었다.

힘든 순간에 필요한 핵심 원칙들

난 그런 역경의 순간에 나를 지켜온 핵심적인 원칙들을 알려주고 싶다.

첫째, 무슨 일이 있든지 인내하고 침착함을 잃지 말자.

아무리 상황이 나쁘다 해도 그것이 세상의 끝이 아니다. 비록 현재 최악의 상황이라고 생각되더라도 즉각적으로 반응하지 말라. 상황을 잘 관찰하고 왜 고통스러운 일이 내게 일어나고 있는지 성찰한다. 비록 그것이 타인의 악의적인 의도가 있는 일이라도 그냥 놔두면 된다. 어떤 사람들은 해를 끼친 타인에게 보복을 계획하기도 하지만 이는 앞으로 발전하는데 그다지 도움이 안 된다.

남을 보복하려는 마음을 가지면 다른 중요한 일을 놓치거나 체력과 정신적인 에너지를 소모하게 되는데 그럴 필요가 없다. 왜냐하면 남에게 피해를 주는 이들은 언젠가 본인 같은 사람을 만나게 되고 대가를 치르게 되기 때문이다. 그러므로 상황과 화해를 청해야 한다. 왜 그런 일이 일어났는지 이해하고 다시는 그런 일이 재발하지 않도록 하면 된다.

둘째, 역경이란 또 다른 이름의 축복이라고 생각한다. 역경을 다시 시작하는 기회로 여긴다. 만일 하는 일에서 좌절을 겪고 있음에도 불구하고 그 일이 당신이 좋아하는 일이라면 절대로 포기하지 말자. 모든 가능성을 생각하고 그대로 밀고 나가면 된다.

셋째, 모든 도전은 자신을 강하게 만든다는 것을 명심하자. 도전은 자신을 융통성 있게 만들어주고, 인내하게 해주고, 의지를 심어준다. 잘못되어버린 상황도 시간이 지나고 나면 더 나은 기회를 주기도 한다.

하늘은 열심히 살아가는 사람에게 복을 준다고 믿는다. 나 역시 아무런 배경도 없이 시작했고 좌절의 순간도 겪었다. 계속 실수를 했지만 그런 실수도 없었다면 아마도 중간에 그만두고 좌절했을 것이다.

앞서 얘기한 내 자리를 뺏은 그 여성 진행자는 지금은 무엇을 할까? 그녀는 자신의 배경을 활용해서 일시적으로 성공한 거 같았지만 몇 년 후에 방송을 떠났다. 그들이 지금 무얼 하는지는 모르지만 난 나쁜 감정은 없다. 시간이 꽤 흘렀지만 난 자신 있게 말할 수 있다. 선이 악을 이긴다는 것을.

다이어트에 지름길은 없다

◉

　내가 아는 몇몇 유명한 방송인은 항상 살을 빼는 것에 대해서 고민했다. 마치 그들의 인생 목표가 다이어트인 것처럼 깊이 고민했다. 나도 역시 마찬가지였다. 이 주제만 들어가면 좌절하곤 했다. 그건 평생 우리 여성들을 따라다니는 고민이기 때문이다.

　사실 이런 유명 방송인들과 체중 문제로 대화하다보면 왜 체중이 여성에게 그렇게 중요한 문제인지 의아하다. 여성들은 자존감과 자신감이 체중에서 나오는 것일까? 체중문제로부터 자유로워질 수 있는 사람은 얼마나 될까?

　나 역시 인생에서 체중과의 싸움을 겪어왔다. 그러나 기적의 다이어트 방법은 없다. 다이어트에는 정신의 변화, 생활패턴의 변화가 더 필요하기에 드디어 오래전에 드라마틱한 결과를 보았다.

그 당시 난 내 몸에 비난을 퍼붓고 내 몸에 대해 최악의 이미지를 가지고 있었다. 내 체중을 탓하며 나의 자존심은 체중에 달려있었고 날씬한 몸매만 오로지 관심사였다. 살찐 내 자신을 미워했고 몸매 때문에 고민했다. 그리고 스트레스 받고 화가 나면 또 음식을 먹으며 위로를 받았다. 폭풍처럼 먹고 나서 또 죄책감을 갖고 내가 결코 날씬해지지 못하리라 절망했다.

당시 살 빼려고 여러 방법을 썼는데, 온갖 다이어트를 시도하다가 결국 헬스클럽에 다니면서 열심히 걷고 뛰었다. 나중에는 심리적인 것과 체중이 관련이 있다고 생각하게 되었는데, 그건 내가 슬프거나 화를 참거나 할 때 항상 음식으로 풀기 때문이었다.

기분이 우울하거나 무언가에 실패를 하고 나서는 그걸 위로하려고 맛있는 음식을 먹으면 기분이 좋아진다. 그러다 또 먹고 나서는 왜 먹었는지 자책을 했다. 이런 음식 의존 성향은 어린 시절부터 있었다.

다이어트는 단순한 결심으로 되지 않는다

10대 시절 나에겐 섭식장애가 있었다. 두 번의 대형 사고를 겪은 후에 몸을 관리하는 차원에서 요가나 수영 같은 운동을 꾸준히 했어야 했는데, 당시에는 겉보기에 이상이 없으니 다 나았다고 안심하고 아무 것도 안했던 것 같다. 그래서 겉은 멀쩡했어도, 내 몸이 나은 게 아니라 오히려 망가져 갔다.

특히 호르몬 불균형으로 가슴도 커지고 오랫동안 링거만 맞고 지내다 보니 신체의 균형이 깨진 것이다. 신진대사가 안 좋으니 살이 찌고, 공부하려고 책상에만 앉아있으니 더 악순환이 반복되었다.

이런데다가 성인이 될 때까지 스트레스를 받으면 음식에 의존했다. 그러나 그건 정서적인 문제임을 알게 되었고 나의 의문에 해답을 찾고 나 자신을 용서하면서, 내 문제를 깊이 들여다보기 시작했다. 알고 보니 난 자신에 대해서 의심과 불안이 생기면 내 자신을 궁지에 몰아넣곤 했다. 그래서 살을 빼는 것은 단순히 결심한다고 되는 것만은 아니었다.

우선 내가 매일 먹는 식단을 들여다보고 생활방식을 바꾸기로 했다. 그렇게 절제하다 보니 내 몸매가 사이즈 2로 줄어들어 갔다. 지금은 결코 몸무게를 재보거나 또는 칼로리를 애써 살펴보지 않는다.

또 중요한 것은 내가 더 이상 음식의 포로가 되지 않는다는 것이다. 음식을 즐기고 원하는 것을 먹고 몸매를 유지한다. 그 비결이 뭘까? 비결은 땀 흘리는 운동을 하고 가공식품을 피한 것이다. 오래 앉아있는 습관을 버리고, 땀을 흘리면서 운동하면 심장도 좋아지고 근육도 붙는다.

요가야 말로 내가 추천해주고 싶은 운동이다. 요가는 몸과 정신을 다스려준다. 요가는 힘과 균형과 유연성을 길러 주고 땀을 흘리는데 아주 적합한 운동이다. 요가는 또한 몸매를 아름답게 해주고 몸을 정화시키고 독소를 빼준다.

90분간의 요가를 하면서 스트레칭하고 몸을 비틀고, 굽히는 동작을 반복하다 보면 저절로 효과가 나타난다. 특히 내가 하는 핫요가는 40도의 요가 스튜디오에서 땀을 흘리며 하는 것이다.

또 다른 체중조절의 비결은 음식의 가공 소스를 피하는 것이다. 슈퍼에서 흔히 사는 소스는 영양가가 낮고 칼로리가 높다. 그리고 사회생활을 하면서 흔히 접하게 되는 술 역시 비만의 주범이다.

길들여진 입맛을 바꿔라

여러 해 동안 다이어트를 한다면서 잘못된 시도를 반복한 끝에 지금에서야 깨달았다. 다이어트에 특별한 비법이나 특별한 약은 없고, 정신과 생활방식을 바꾸는 것이야 말로 그 비결이다. 일단 정신이 건강해야 살도 찌지 않는다. 몸은 우리 생활방식과 마음의 반영이다.

땀을 흘려 운동하고, 음식에 집착하지 않고, 좋은 음식과 나쁜 음식을 구별하고, 음식의 가치를 아는 것이 중요하다.

나 역시 섭식장애를 겪다가 음식과 화해하고부터 몸무게에 신경 쓰지 않는다. 내 스스로가 내 몸의 변화를 알기 때문에 굳이 몸무게에 연연하지 않는다. 몸무게로부터 자유로워지면서 살도 빠지고 몸과 마음이 균형을 이루게 되었다. 사람들의 생각과 다르게 몸매 유지는 결심해서 되는 게 아니다. 마음속부터 변화하는 경험이 필요하다.

날씬해지고 싶은 욕망, 아름답게 되고자 하는 욕망은 어떤가, 아름다움의 정의는 나이가 들면서 변한다. 멋진 얼굴과 멋진 몸매를 가지고 태어나는 건 얼핏 축복 같고 20대 젊은 시절에는 남들과 차별되어 보이고 부러움을 산다. 그러나 나이가 들면 미모는 피부가죽 한 겹 뿐이란 걸 깨닫는다.

나 역시 십대시절부터 항상 살이 쪘으니, 몸매가 안 예쁘니 하는 외모에 관한 집착에 시달렸다. 그러나 음식과 운동과 심리적인 상태와 감정을 이해하면서 지금은 완전히 바뀌었다. 자존감이 없고, 자신감 부족으로 인한 그런 고민을 버렸다. 지금은 신진대사도 잘되고, 더 많이 먹어도 살이 덜 찐다. 날씬해지려고 집착하지 않고, 내가 불완전하다는 것을 인정한다.

한때 뚱뚱한 내 몸을 미워하며, 원하는 건 먹지도 못하면서 살을 빼려고 고민했다. 효과 없는 다이어트에 싫증내며 몸매를 유지하는 비법을 찾아다녔다. 그러나 지금은 신선한 식품을 즐겨 먹는다. 가공식품, 정크 푸드는 멀리하고, 테이크아웃, 패스트푸드, 냉동식품, 즉석라면, 병에 든 통조림, 콜라, 탄산음료 같은 음식은 피하고 있다.

운동은 지방을 빼고, 신진대사를 촉진시키는 중요한 것이다. 물론 단칼에 가공식품을 끊기는 힘들다. 그러나 신선한 식품을 먹고 인공적인 맛에 길들여진 미각을 다시 세팅해야 한다. 음식 산업은 엄청난 산업이고 화려한 마케팅으로 포장하기에 개인은 거기에 유혹당하기 쉽다. 하지만 가공식품을 멀리하는 것은 다이어트뿐만 아니라, 건강한 삶의 필수 요소이다.

소울메이트를 찾으려면

◉

이런 저런 일로 힘들 때마다 소울메이트를 만나려고 애썼지만, 시간이 갈수록 일중독이 되어가고 있었고 개인적인 삶은 항상 뒷자리로 밀려났다. 싱글시절에 나름대로 이런저런 위안을 찾으려고 했고, 언젠가 만날 나의 소울메이트에 대해서 이렇게 농담 삼아 재미있게 말했다.

"나의 소울메이트는 길을 잃었나봐. 개구리 왕자님이 개구리에서 왕자로 변하는 동안에 나를 못 찾고 다른 여자한테 갔나봐."

요즘 같은 글로벌 시대에는 내 짝이 저 멀리 지구 한 바퀴를 돌아 존재하고 있을 지도 모른다. 그래서 내가 사는 곳이 아니라, 내 사랑을 찾아서 지구 한 바퀴를 돌아야 할지도 모른다.

언어와 종교를 넘어서 운명이 점지해준 짝이 있을까? 우리는 죽음이 갈라놓을 때까지 사랑할 수 있는 그런 사람을 만나고자 한다. 그런데 첫 번째 결혼을 실패하고, 두 번째, 세 번째 결혼을 통해서 행복과 안정을 찾는 부부의 숫자가 점점 늘어난다. 이처럼 운명의 상대를 만나는 것은 쉽지 않은 일이다.

자매가 많은 가정에서 자라나서인지, 여성으로서 오랫동안 어린 면을 갖고 있었고, 심지어 20대에도 여성성이 부족했다. 이성 문제에서도 미숙해서 남성에게 다가가는 걸 잘 하지 못했다.

방송 초기 시절을 돌아보면, 난 너무나 순진해서 내 여성성을 활용하고 여성미를 무기로 무언가를 얻어내는 것을 못했고 그만큼 순진했다. 어떤 동료들은 자기의 여성미를 활용해서 더 높은 자리로 올라갔지만 난 그렇게 하지 못했다.

그러나 지금 생각해보면 내가 나름대로의 도덕적인 기준을 지키고 살았으며 세상의 유혹으로부터 나 자신을 지킬 수 있었던 것이 자랑스럽다.

여자들은 사회생활을 하면서 끊임없이 이런 저런 유혹에 노출된다. 내가 20대 시절, 승강기에 탔는데 내 아버지뻘 되는 분이 내게 말을 건네더니 명함을 주며 나중에 자기한테 전화하라는 것이었다. 난 그것이 무슨 뜻인지 파악하고 그 명함을 쓰레기통에 버렸다.

사회생활을 하면서 많은 재능 있는 여성들이 이런 유혹에 빠져서 한때의 불장난에 휘말리는 것을 많이 목격해왔다. 이럴 때 자신을 지키는 것은 자존감이다. 자신에 대해 자부심을 갖고 내게 다가오는 유혹을 잘 파악해야 한다.

난 이렇게 어떤 면에서 순진했지만 그런 술수를 부리지 않았던 점이 오히려 세상의 부패와 타락으로부터 나를 지켜주었다.

결혼은 신성한 약속이다

몇 년 전의 일이다. 난 친한 회사동료의 결혼식에 참석하게 되었다. 나랑 친하던 동료였기에 그녀의 남자친구에 대해서도 알고 있었는데 놀랐던 건, 특급호텔의 호화로운 예식장에서 내가 보게 된 신랑은 원래 남자 친구가 아니라 딴 남자였다.

그녀의 남자친구는 20대 중, 후반의 군인이었고 군복무 중이었다. 그러나 내가 식장에서 본 신랑은 30대 초, 중반 쯤으로 보이는 배가 나오고 머리가 벗겨진 남자였다. 식장에서 신랑, 신부의 결혼 서약을 들으며 내 머리는 혼란스러웠다.

난 그녀와 2년간 친하게 지내왔는데 원래 남자친구를 놔두고 다른 남자와 결혼하는 걸 보고 이해가 가지 않았다. 축하의 의미로 샴페인 잔이 부딪히는 그 자리에서 '내가 세상의 방식을 이해 못하는 건가?' 하는 생각도 들었다.

신랑에 대해서 궁금해져서 옆자리 하객에게 물어봤다.

"신랑은 어떤 사람인가요?"

"아, 신랑이요. 지금 대학의 조교수이고 아이 없이 이혼한 사람이에요. 신랑 집이 엄청난 부자고, 3대째 내려오는 가족 사업도 있고, 해외로 확장할 예정이라네요."

하객의 설명을 듣고 난 뒤에, 난 혼란스러웠다. 잠시 후 생각에 잠긴 채 식장을 빠져나오며 사랑과 결혼이란 과연 뭘까, 씁쓸한 마음으로 돌아왔다.

유럽으로 신혼여행을 마치고 돌아온 내 동료는 완전히 변신해서 나타났다. 갓 뽑은 고급 외제 승용차를 타고 직장에 와서는, 자신의 최고급 디자이너 의상을 자랑했다. 몇 달이 지나자 그녀는 회사를 그만두었는데, 이유는 그녀가 더 이상 애써서 돈을 벌 필요가 없기 때문이었다.

그녀는 사무실에서 작별인사를 하며 나를 안쓰럽다는 표정으로 쳐다보면서 이렇게 한마디 했다.

"정말 열심히 일하네. 그래, 열심히 하고, 앞으로 보고 싶을 거야."

그녀가 이 말을 남기고 떠났다. 그러나 그건 그녀의 진짜 작별인사가 아니었다.

인생의 아이러니는 항상 우리를 깜짝 놀라게 하곤 한다. 그녀가 퇴직을 하고 1년이 지날 무렵, 다시 방송국에 나타났다. 놀랍게도 일자리를 찾으려고 나타난 것이다. 알고 보니 남편 가족이 하던 사업이 부도가 나버렸고, 경제위기에 큰 타격을 받아서 망했다는 소문이었다.

집이 엉망이 되고, 경제상황이 어려워졌지만 남편은 가정을 부양할 능력이 없었고 소문에 의하면 평생 제대로 된 직장을 다닌 적이 없어서 부도난 사업을 일으킬 만한 능력이 없다고 했다. 결국 그녀가 가장이 되어야 했다.

그녀는 이제 가정을 책임진 가장으로 다시 일을 찾아 나서야 했고, 뜬금없이 방송국에 나타나서 수수한 차림으로 다시 일자리를 부탁했다.

인생이 그녀의 얄은꾀에 벌을 준 것일까? 난 이 사건으로 깊이 깨달았다. 돈이 전부가 아님을, 그리고 결혼의 신성함에 대해서 다시 한 번 생각해 보았다.

배경이나 조건보다 사람을 보라

결혼식을 하고 부부가 되면서 우리는 좋을 때나 나쁠 때나 가난할 때나 어려울 때까지 서로 사랑하고 소중히 여기라는 맹세를 한다. 또 가족이나 친구, 사회로부터 어떤 기준으로 남자를

택하라는 말을 듣는다. 그것이 돈이든, 배경이든, 학벌이든, 그 어떤 것이든 간에.

우리는 항상 주변에 맞추려고 애쓰면서, 결혼에 대한 주변의 기대치에 부응하려고 한다. 그러나 상대방이 얼마나 잘생겼나, 성공했나, 부자인가에 상관없이 사랑의 기초는 단단해야 한다. 관계에 믿음이 없고 단단하지 못한다면 상대방이 아무리 매력 있고 능력 있어도 흔들린다. 상대에 대한 믿음과 이해와 헌신이 없다면 재산, 배경들은 아무 소용이 없다.

우리의 소울메이트를 후원자가 아닌 삶의 동반자로 만나고자 하지만, 그 동반자 관계가 얼마나 오래 갈지는 모르는 일이다. 나의 연인이 영원히 나의 것이 될 수 있을까, 얼마나 오랫동안 동반자 관계가 유지될까? 이혼이 흔해지는 세상에서 영원히 그가 나의 것이 될지는 모르기에 선택은 점점 힘겨워지고 있다.

나 역시 소울메이트를 찾기까지 시행착오를 많이 겪었고 같은 실수를 반복하기도 했다. 해외에서 직업을 갖는 것이 내 인생을 송두리째 바꾸는 일인 것처럼 사람을 선택하는 일도 마찬가지다. 인생의 파트너를 찾는 것은 중요하고, 올바른 선택을 하는 것이 중요하다. 물론 그건 쉬운 일은 아니다. 나도 역시 이것을 깨닫는데 몇 년의 시간이 걸렸다. 지금 나는 동화 속 이야기처럼 운명의 상대를 만났다.

Lesson 6

인연은 예기치 않는 곳에서 나타난다

◉

인생의 묘미는 불확실성과 예측불가능한데서 발견할 수 있다. 아무리 계획해도 안 되는 건 안 되고 어떤 일은 필연적이듯이 전개되기도 한다.

난 당시 이성 관계에 있어서 딜레마에 빠져 있었다. 내게 눈길을 보내는 남자들은 많았지만 배우자로 끌리는 사람이 없어서 인생을 혼자서 살아야겠다는 각오도 하고 있었다.

그러던 어느 날 아는 친구가 사람을 소개해 주겠다고 저녁 자리를 마련했다. 그런데 나가기 전에 마음이 썩 내키지 않았다. 만나야 할 남자는 미국 남부 텍사스 주 출신에 석유와 가스(Oil & Gas) 산업에 종사하는 사람이란 얘기를 들었다.

아무리 생각을 해도 나와는 안 맞을 게 뻔했다. 영 마음이 안

내켜서 퇴근 후 약속을 취소할까 망설였다. 하지만 그날따라 집 냉장고는 텅 비어 있어서 식사도 할 겸 나가기로 했다.

내 짝은 어딘가에 반드시 있다

이탈리안 레스토랑에 모인 친구들은 시장한 탓에 미리 파스타와 애피타이저를 주문해서 먹기 시작했고 정작 내가 만나야 할 그는 늦게까지 나타나지 않았다. 하지만 난 별 기대를 안 하고 나갔기 때문에 전혀 부담도 갖지 않고 기분도 상하지 않았다. 한참 후 내 옆을 돌아보니 두 남자가 서 있었다.

'아니, 이게 어떻게 된거지? 왜 남자가 둘이지?'

한 명은 대머리에 안경을 끼고 있었고, 다른 한 명은 짙은 갈색 머리에 눈이 부드럽고 선해 보였다. 인사도 하기 전에 그 선한 눈의 남자가 재빨리 내 옆에 와서 앉았다. 알고 보니 내가 만나야 할 사람의 회사 동료인데 같이 동행했다는 것이었다.

"저는 프랑스 출신이고 몇 년 전에 말레이시아 쿠알라룸푸르로 이사왔습니다. 지금은 싱가포르에 출장 왔어요."

그가 이렇게 짤막하게 자신을 소개했고 우리는 흥미로운 대화를 나누었다.

저녁식사가 끝나고 난 그가 좋은 사람이지만 다시는 못 볼 것이라 생각하고 작별인사를 했다.

그런데 이렇게 예기치 않은 만남은 운명처럼 우리 두 사람을 이어줬다. 인연은 어느 순간, 우리 앞에 갑자기 나타나기도 한다. 보통 남자들은 여자들의 바쁜 커리어를 받아들이지 못하는 경우가 많다. 나만해도 방송에 나오는 예쁜 모습만 기대하지, 갑작스런 방송스케줄로 상대방과의 약속을 깨게 되면 그걸 잘 이해해주지 못하는 남자들도 보았다.

내가 소울메이트로 부르는 그는 당시 CNBC에서 정신없는 나의 방송 스케줄을 이해하고 너그럽게 받아주었다. 이처럼 동반자는 서로의 곤란한 사정을 이해해주고, 조언도 해주고 타협이 가능한 사람이어야 한다.

내 동반자는 그릇이 크고 마음과 생각이 넓다. 여자의 바쁜 스케줄을 이해해주는 고마운 사람이다.

나와 가치관이 맞는 상대를 고르자

20대에 들어서면서 미래에 대한 불안과 걱정을 하고 30대에 들어서면 서서히 자기 자신이 누구인지 깨닫곤 한다. 대학시절의 연인과 결혼하는 커플이 30대나 40대에 이혼하기도 한다. 너무 어린 시절에 만나서 결혼하긴 했지만, 점점 자신에 대해서 깨닫게 되면서 자신과 맞지 않는 파트너와 결혼했다는 사실을 알게 되고, 이혼으로 가는 것이다.

여자들은 30대가 되기 전에, 더 늦기 전에 빨리 결혼하라고 사회나 가족들이 재촉한다. 하는 수 없이 20대 후반부터 급하게 결혼을 서두른다. 그렇게 서둘러 결혼하고 나서 결혼생활에 파탄이 난다면 어떻게 해야 할까. 그래서 쫓기듯 하는 성급한 결혼보다는 나에게 맞는 상대를 찾는 게 중요하다. 평생을 같이 지내야 하는 운명의 상대를 단지 급하다고 몇 개월 만나서 부랴부랴 결혼하는 것이 과연 맞는 건지 생각해 봐야 한다.

그러기 전에 우선 자신이 누구인지부터 발견하고, 서둘러 급하게 결혼하기 전에 인생에서 내가 무엇을 원하는지부터 찾아내는 것이 현명하다.

인연이 언제 어디서 나타날지 모르는 일이다. 늦게 만나더라도 나와 생활양식이 맞고, 같은 가치관을 가진 이성을 만나는 것이 중요하다. 나이 들수록 남자와 여자는 각자의 이성 취향이 바뀐다. 우리는 점차 성장하면서 이성을 바라보는 시선도 바뀌기 때문에 10대의 이상형과 20대의 이상형은 30대와는 다르다.

앞서 말한 내 동료의 경우에 동화 같은 신데렐라 스토리로 부자와 결혼했지만, 돈만 보고 결혼해서는 그 돈이 공중으로 사라져버리고 나니까 그녀의 결혼은 신기루처럼 흩어졌다. 그 동료를 보며 난 많은 걸 깨달았다.

선한 얼굴을 가장한 유혹을 조심하라

◉

인생은 늘 진행형이다. CNBC에서 일하면서 매일 평균 2백통의 이메일을 받았다. 내용은 주로 프로그램과 관련된 것, 내부 메일, 개인적인 이메일 등 이메일 체크만 해도 대단한 일거리였다. 이처럼 내게 중요한 메일을 선택하는 일과 같이, 언제나 현명한 선택과 올바른 판단은 중요하다.

최근에 어떤 비즈니스 상의 저녁식사 약속을 잡았다. 우리는 레스토랑에서 샴페인을 한잔 하면서 기분 좋은 대화를 나누기 시작했다. 그런데 잠시 후에 난 뭔가 분위기가 이상하게 흘러가는 걸 눈치 챘다. 그는 개인적인 이야기를 너무 오래 끌어가고 있었다. 자신의 연상의 아내에 대해서 이야기하면서 어떻게 불행한 결혼생활을 끌고 가는지에 대해서 말하면서 의미심장한 말을 했다.

"내 아내를 만나면 나와 저녁식사를 했다고 말하지 마세요."

이게 무슨 소리인가, 우린 단지 비즈니스 목적으로 식사를 하는 것인데 말이다. 무언가 이상했고 내 안에서 경고음이 들려왔다.

"왜 우리가 만났다는 걸 이야기하면 안 되죠? 비즈니스를 위한 만남인데요?"

내가 놀라서 눈을 크게 뜨며 물었다.

그러자 그는 어색해 하며 재빨리 방송 프로젝트로 화제를 바꿨다. 그 방송을 맡을 후보자로 나를 선택했다면서 말이다. 하지만 무언가 이상해진 난 식사 내내 방어적인 자세를 취했다. 그와는 비즈니스 목적의 모임이 아니라면 만날 이유가 없었다. 식사를 마칠 무렵에 내가 웃으며 말했다.

"제가 계산을 해도 될까요?"

영국인인 그는 깜짝 놀라면서 아주 난감한 표정을 지었다.

난 공짜 식사를 좋아하지 않는다. 헤어지면서 그는 내게 프로젝트와 관련해서 다시 연락하겠다고 말했다. 일주일이 지나서 여전히 그는 다시 미팅을 하자고 내게 제안했다. 내가 자기가 계획하는 프로젝트의 매력적인 후보자라고 말하면서 말이다. 그러나 난 그의 의도를 파악했다. 그의 동기가 비즈니스만은 아니라는 것이 명백했다.

유혹은 친절한 얼굴로 다가온다

이렇게 나의 의도와는 다르게 상황이 이상하게 흘러가는 것을 직감적으로 눈치 채는 일은 중요하다. 하지만 이런 일이 친한 친구들과 관련이 되어 있다면 행동하기 곤란해 지기도 한다.

몇 년 전에 난 늦은 오후에 전화를 받았다. 전화한 사람은 나의 친한 친구인데 저녁식사를 같이 하자고 말했다. 그녀와 그녀의 남편과 같이 한 이탈리안 레스토랑에서 저녁식사를 하게 되었다.

그 커플 외에 여러 명이 같이 저녁 테이블에 동석했는데 그 중한 돈 많은 남자가 나에게 관심이 많다고 내 친구가 내 귀에 속삭였다. 이 남자는 계속 내게 눈길을 보내고 갑자기 고급 명품 핸드백을 선물하겠다며 내게 주려는 것이었다. 물론 난 받을 수가 없었다.

"제가 이 가방을 받을 이유가 없는데요."

내가 단호하게 말하자 그는 이번엔 그 식사 자리에 있는 모든 여자에게 명품 스카프를 선물하겠다고 작전을 바꿨다. 이 역시 난 사양했다. 어떤 남자들은 많은 여자들을 비싼 핸드백으로 유혹할 수 있다고 생각하는 것 같다.

이런 남자를 데리고 나온 내 친구도 이해가 되지 않았다. 내 친구는 어이없게도 그 남자를 만나보라는 것이었다. 물론 난 거절했고, 그날 그 불쾌한 일을 겪고 나서 내 친구를 다시는 보고 싶지 않았다.

나중에 알고 보니 당시 내 친구는 남편 사업 문제로 그 남자에게 잘 보이고 싶어서 나를 이용했던 것이다.

유혹은 이처럼 아주 선하고 친절한 얼굴을 가장해서 갑자기 다가온다. 그것도 아주 가까운 사람으로부터 올 수도 있다는 걸 그때 난 알게 되었다.

Lesson 8
공짜 점심이란 없다

◉

부자로부터의 유혹, 돈의 유혹에 대해서 말해본다면, 사실 난 일하면서 백만장자와 억만장자들의 세상을 들여다 볼 수 있었다. 그러나 난 상대방이 억만장자이건, 백만장자이건 주눅 들지 않았다. 내가 그들을 인터뷰하는 동안에는 난 그들과 동등하다고 생각했다.

'공짜 점심은 없다'란 속담이 있다. 이건 인생에서 너무나 들어맞는 말이다. 항상 모든 것에는 치러야할 대가가 있기 마련이다. 대단한 유혹도 거기에 따른 조건이 반드시 있다. 여성들이 고급 핸드백이나 비싼 보석의 유혹에 마음이 약해지는 것은 당연한 일이고 살다보면 그런 유혹이 종종 생기게 마련이다.

하지만 남자들이 멋진 선물이나 금전적인 이득을 주려고 할 때, 그걸 덥석 받기 전에 신중하게 생각해야 한다. 만약 그 남자가 유부남이거나, 나와 결혼할 확률이 적거나, 내 본능이 그가 내게 맞지 않는다고 말한다면 거부해야 한다. 나 자신을 궁지에 몰아넣지 말아야 한다.

우리의 삶은 우리의 선택에 달려있다

미국의 전직 수영복 모델이 나한테 이렇게 털어놓았다.

"전 20대 초반에 하와이에 살고 있는 억만장자와 사랑에 빠졌어요. 그는 엄청나게 비싼 차와 다이아몬드로 장식된 명품 시계를 차고 자기가 부자라고 과시했어요. 게다가 광산을 가진 그는 자가용 비행기로 전 세계를 돌아다녔고 사생활 역시 복잡했어요. 그런데 난 그의 유혹에 넘어가버렸죠."

그녀의 말처럼 그는 세 자녀를 둔 결혼한 상태였고 또 다른 애인과도 자식을 두고 있었다. 그럼에도 불구하고 할리우드의 스타들을 쫓아다녔다.

"전 그 남자가 유부남인 걸 개의치 않았어요. 호화롭게 살고 싶었거든요."

그녀는 이렇게 털어놓았다. 그러면서 더 충격적인 말을 이어갔다.

"원래 호화로운 생활을 동경했어요. 그래서 그가 주는 선물을 받아 챙기고, 때가 되면 그의 곁을 떠나버리겠다고 생각했답니다."

말하자면 그녀는 돈의 유혹에 굴복한 것이었다. 그러나 그런 유혹은 그녀의 인생을 예기치 않게 바꿔놓았다. 원래 그녀의 꿈은 할리우드 배우가 되는 것이었고 열심히 노력하고 있었는데 그런 유혹이 노력하는 이 모델의 삶을 바꿔놓았다.

그 억만장자와 사귄지 몇 년이 지나자 그녀는 호사스러운 삶에 중독이 되어버렸고, 억만장자를 떠나버리려는 생각도 없어졌다.

"전 결국 이 억만장자의 공식적인 애인이 되었고, 마약을 하고, 성을 탐닉하는 방탕한 생활을 즐겼어요."

모델은 이렇게 허심탄회하게 과거를 털어놓았다.

그런 어느 날, 그 억만장자가 파산을 해서 교도소에 들어가고, 미국에서 추방당했다. 그녀의 삶은 졸지에 날아오르다 떨어지는 롤러코스터 같은 상황이 되었다. 파산한 그녀는 이 모델과 저 모델로 옮겨 다녔다.

그 억만장자가 교도소에서 나오자 드디어 부인과 이혼을 했고 그녀와 결혼했다. 그녀가 40세가 되기 직전의 일이었다.

"교도소에서 나온 그와 모나코의 몬테카를로에서 친구 몇 명과 가족들이 보는 앞에서 결혼식을 올렸답니다. 이제 그는 제 남편이 되었고 다행히도 재산의 일부를 찾게 되었습니다."

편안한 얼굴로 이렇게 자신의 과거를 돌아보는 그녀는 이제 40대 후반에 접어들었다. 파란만장했던 파티광 생활을 접고 성실한 생활인이 되어서, 자신의 인생을 성찰하며 살아가고 있다. 만일 그녀가 그 억만장자 플레이보이의 유혹을 거절하고, 배우의 꿈을 위해서 계속 노력했다면 지금 그녀의 삶은 어떻게 되었을까?

결국 우리의 인생은 우리가 선택하는 것에 달려있다. 인생은 이 결정에서 저 결정으로 나가야 하는 끝없는 여정이다. 우리의 선택은 우리의 삶을 변화시킨다. 당장 오늘이나 내일 어떻게 살 것인지 자신이 결정하는 것이다. 앞으로 5년, 10년, 20년 후에 일어나는 일은 지금 나의 선택으로 인해서 생기는 일이다. 다시 한 번 강조하지만 공짜 점심은 없는 법이다.

자신이 누군지를 재발견하기

◉

몇 년 전에 방송사를 옮기는 일로 곤경에 처했다. 이직하기 전의 직장에서 나를 안 보내려고 협박 같은 일을 한 것이다. 그들은 법적인 대응까지도 고려한다고 말했다. 내가 특정기간 동안에는 경쟁 채널로 이직하지 않는다는 조항을 위반했다는 것이었다.

그런 상황이 이어지면서도 여전히 방송을 해야 했고, 그러다 보니 스트레스로 인해서 매일 매스꺼운 위통이 생기고, 불안, 소화 장애, 만성 두통, 심박동 이상 등의 증세가 있었다. 어쩌면 그 방송사와 법적 소송까지 가야할지도 몰랐다.

상황이 악화되는 것을 막기 위해 아무와도 상의하지 않았다. 진짜 내 편이 없었고 마치 이 세상에서 나 혼자라는 느낌에 좌절했다. 내 곁에 아무런 친척도 친구도 없었다. 부모님이 걱정할까봐 이런 이야기를 꺼내지도 않았다.

한동안 외롭고 눈물이 나고, 잠을 못 이루는 고통 속에서 보냈다. 결론적으로 잘 해결되었지만, 당시 스트레스로 몸에 이상이 생겼다. 결국 내 온 몸에서 이상 신호를 보내기 시작했다.

치료 방법을 찾던 끝에 아유르베다 치료법을 받기로 했다. 아유르베다 치료법은 인도의 치료법으로 몸과 마음의 균형을 중시한다. 나를 진료했던 인도인 여의사인 나이르 박사가 내 몸을 진단하기를, 몸과 마음의 균형이 많이 깨졌다는 것이다.

아유르베다에 따르면 우리 몸은 3가지 요소로 구성되어있는데 바람과 물과 불이다. 내 몸에 이상이 생긴 것은 스트레스와 피로, 음식 알레르기가 주요한 원인이었다.

"발진이 올라오면 좀 지나서 가라앉습니다. 인생은 사이클이 있고, 그걸 이해하고 마음을 비워야 합니다."

의사의 말을 듣고 난 차분해지고 여유를 갖게 되었다. 그리고 내 자신이 왜 이렇게 되었는지 깊이 생각했다. 알레르기가 생기고 나빠진 피부상태가 오히려 나를 돌아보도록 구해준 것이다.

몸이 보내는 신호를 무시하지 말자

나빠진 내 몸의 상태는 일과 인생에 균형을 찾으라는 신호처럼 다가왔다. 인생이란 특종 인터뷰, 높은 급여, 멋진 차, 큰 집, 이런 것만 추구하는 건 아니라는 깨달음이 왔다. 너무 격렬하게 일하는 대신에 인생을 즐길 줄도 알아야 한다는 생각이 들었다.

몇 주 동안 집중적으로 치료받으며 야채로 된 식사만을 했다. 맛은 없지만 몸에 좋은 허브 차와 특효소를 마시며 몸과 마음의 시스템을 정화하고자 했다. 매일 마사지를 받고 따뜻한 오트밀 목욕을 즐기고 요가를 하고 적어도 6시간 이상 잠을 잤다.

치료 기간 동안에 마음을 비우고, 천천히 건강이 회복되길 기다렸다. 의사의 말이 내 머리 속에 계속 울렸다

"마음을 편하게 가지세요. 모두 놓아버리세요."

그녀는 놓아버리라고 강조했다. 그러나 내가 평생 추구해온 것은 그 반대의 삶이었다. 목표를 찾고, 그걸 달성하고 나면, 또 그 다음 목표를 추구했다. 그러나 그 과정에서 인생의 중요한 것을 놓쳤다. 그것은 건강이다. 스트레스와 불안과 피로가 누적되어서 내 몸이 경고를 보내온 것이다.

과로와 삶의 불균형을 고쳐야 한다는 내 몸의 경고를 무시했다면 더 심각한 상황이 되었을 것이다. 매일 매일 생기는 두드러기나 발진에 신경을 쓰지 않자, 그 증세가 완화되기 시작했고

느리지만 염증이 줄어갔다.

난 그 시기에 아유르베다에 완전히 빠져들었다. 내가 누구인지 발견하기 위해서, 진짜 치유를 경험하기 위해서 환경의 변화가 필요했다. 그리고 난 인도에서 아유르베다 치료를 받기 위해, 내 몸과 영혼의 힐링을 위해서, 인도의 남부 케랄라 주의 항구 도시 코치(Kochi)에 도착했다. 이곳은 아유르베다 치유의 중심지였다.

코치의 관광 명소인 윌링턴 섬(Willington Island)에 도착하자 파도소리가 들려왔다. 숙소에 오자마자 여행으로 피곤해서 잠이 들었고, 아침에 깨어나서 눈을 뜨니 찬란한 태양이 빛나고 있었다. 아름다운 아라비아 해의 바다가 내 시야에 들어왔다.

난 며칠 동안 텔레비전을 멀리하고 전화와 인터넷을 끊고 마사지를 받고 휴식을 원하는 만큼 취했다. 잠도 내가 원하는 만큼 잤다.

내 몸과 마음이 완전히 휴식했고 마사지를 받으면서 몸의 균형이 다시 되돌아오고, 정신도 편안해졌다.

난 그곳에서 '판차카르마' 라는 몸의 기능을 회복시키고, 면역계를 강화시켜주는 오래된 해독 요법을 받았고 모든 걱정을 잊고, 편안함에 빠져 들어갔다. 또한 내 몸과 마음과 의식의 조화를 위해서 여러 가지 마사지를 받았다.

마지막 날, 아름다운 무지개가 바다위로 떠올랐다. 그 무지개는 나를 보고 다시 젊어지고, 건강해지라고 빌어주는 거 같았다. 드디어 섬을 떠나는 마지막 날, 난 작별인사를 하고 아라비아해를 벗어나 다시 세상으로 돌아갈 준비를 했다.

그 휴식과 치료 이후로 내 몸과 마음이 균형을 이루게 되었다. 우리는 이렇게 몸이 말하는 소리를 들어야 한다. 나를 사랑한다면, 자신을 너무 몰아붙이지 말아야 한다. 몸이 휴식하라는 신호를 보내면 귀 기울이고, 몸과 마음에 휴식을 주어야 한다. 그것이 장기적인 관점에서 훌륭한 자기 관리법이다.

요가는 몸과 마음의 균형을 찾는 좋은 방법

무언가 변화를 바란다면 존재의 핵심적인 부분도 변해야 한다. 변화의 과정은 빠르지 않고 길 수도 있다. 그러나 난 내가 누구인지를 생각하며, 내 자신으로 돌아가는 길을 찾았다.

내가 10대였을 무렵, 가슴은 불균형적으로 자라서 아주 컸다. 아마도 대수술 이후 신체의 균형이 망가지고 체중이 늘었던 것도 그 이유 중 하나일 것이다. 길거리에서 마주치는 사람들이 이상하게 쳐다봤다. 너무 큰 가슴이 싫어서 가슴에 붕대를 감고 다니기도 했다. 학교에서 날씬하고 예쁜 여자애들을 부러워하면서 그들처럼 되고 싶었다. 그리고 여성지에서 가슴 축소 수술 기사를 보면서 심각하게 가슴 축소 수술을 할까 고민하기도 했다.

큰 사고로 인해 수술하고 퇴원한 후에 집에 와서는 음식을 엄청나게 먹기 시작했다. 그러니 엄청나게 살이 찌기 시작했다. 살이 찌자 나중에는 물 한잔도 먹는 게 두려웠고, 몸의 균형을 잃었고 살찐 내 자신이 괴물같이 보였다. 그럴 때마다 하늘을 쳐다보며, 내 인생은 왜 다른 사람처럼 평범하지 않을까? 대체 내가 벌받을 만한 짓을 했을까? 두려움과 불안에 떨었다.

음식으로 도피처를 찾으며 살이 찌고, 그러면 또 살찐 나 자신을 미워했다. 그 당시 내 인생은 어둠 속 같이 막막했다. 기적처럼 날씬해지고 건강해지고 싶었지만 기적은 없었다. 잡지나 방송에 나오는 여자들은 너무나 이상적인 외모였고, 그래서 난 더 비관적이 되어갔다.

그 무렵 다이어트를 시작했다. 수백 번 단식했고 또 채식주의자가 되어갔고 모든 것을 주스로 만들어 먹어봤다. 그렇게 몇 년간 체중과의 싸움을 하는 우울한 시절을 보내고 드디어 몸무게가 줄어들기 시작했다.

건강한 조리법이 중요하다
방송국에 들어와서는 날씬하고 멋진 여자들이 넘쳐나는 환경이라서, 그런 여자들을 보면서 난 당황스러웠다. 그들은 마음대로 먹어도 날씬한 몸매를 가지고 있었지만 난 음식의 노예였다. 목표하는 몸무게는 절대로 도달하지 못했지만 이런저런 자료를 찾아보고 몸을 가지고 실험했다.

대학 4학년이 되어서도 이런저런 다이어트는 할 만큼 해봤다. 너무나 많은 다이어트 시도를 했었고 또 요요현상으로 고통을 겪었다. 나중에는 채식만 고집하다가 고기도 즐기기로 했고 나 자신을 놓아주기로 했다. 고기를 좋아하는데 억지로 거부하는 건 힘들었다.

나 자신을 체중과의 싸움에서 해방시키기로 하자, 오히려 체중이 줄기 시작했다. 음식과 심리는 밀접한 관계가 있다. 난 뭔가 잘 안되면 그 결핍을 음식으로 메우려고 했다. 그래서 살이 더 찌고 마음은 공허하고 주스나, 음료, 쿠키 등 손에 닿는 건 뭐든지 먹었다. 내 몸은 내가 먹은 결과이다. 그리고 다이어트도 정답은 없었다.

기자 초년시절, 사상의학이란 것을 취재하게 되었다. 인간의 몸 상태를 4개로 분류한 것으로 태양인, 태음인, 소양인, 소음인 등이 있는데 체질마다 특징이 다 달랐다. 그리고 체질에 맞는 음식이 각각이었다. 마치 사상의학에서 진단하듯이 오랜 시행착오 끝에 깨달은 건 몸의 균형을 찾는 열쇠는 본인의 신체와 그 특성을 이해하고 실천해야 한다는 점이었다.

그러고 보면 내가 한때 고생했던 알레르기도 그 직접적인 원인은 빵에 든 이스트였다. 항상 바빠서 아침 식사를 요구르트나 빵으로, 점심은 샌드위치를 먹었다. 그걸 평생 먹었는데, 나에겐 안 맞는 음식이었다. 그래서 이제는 특정 음식이 굳이 먹고 싶다면 저칼로리의 조리법, 건강한 조리법을 선택한다. 이를테면 프라이드 치킨이 먹고 싶으면 로스트 치킨으로 먹고, 프렌치 프라이가 먹고 싶으면 오븐에 구운 감자를 먹곤 했다.

그렇게 음식을 조심스레 고르고 먹고 싶은 건 끊지 않고 건강한 조리법으로 만든 걸 선택했더니, 몸이 미국 사이즈 6이나 8에서 사이즈 2로 줄었고 가슴사이즈도 더블 D에서 B나 C컵으로 줄었다.

요가는 몸과 마음의 균형을 돌려준다

내가 이렇게 살이 빠진 것이 단지 음식 때문일까? 아니다. 다른 이유도 있다. 그건 요가였다. 요가를 시작하고 나서 근육이 눈에 띄게 생겼다. 내가 하는 요가는 핫요가(하타요가)의 일종인 비크람(Bikram) 요가인데, 뜨거운 곳에서 소처럼 땀을 흘리면서 하는 것이다. 40도의 요가 스튜디오에서 땀을 흘리며 하는 요가 세션 90분간 몸과 정신과의 싸움이 이어진다.

이 요가의 유명한 구호가 'Welcome to Bikram's torture

chamber (비크람의 고문실에 들어오신 걸 환영합니다.)'이다. 비크람 요가는 수수께끼 같다. 고통스런 요가 동작을 마치고 나면 온 몸의 독소가 제거되고 다시 젊어진 기분이고 그렇게 힘든데 다시 또 하고 싶은 생각이 드는 이상한 운동이다.

요가에서 효과를 보자, 난 내 삶에서 요가를 우선 순위에 두었다. 꾸준히 요가 수련을 하자 기분이 좋아지고 외모도 더 좋아졌다. 그걸 체험하고 나서는 더욱 요가의 세계에 빠져들었다.

정신적, 육체적, 심리적으로 요가는 나에게 새로운 세상을 열어주었다. 요통도 없어지고 몸매가 좋아지고 복부 부위에 근육이 생기기 시작하고, 이두박근도 생겼다.

많은 할리우드 스타들, 셜리 맥클레인, 라켈 웰치, 바바라 스트라이샌드, 퀸시 존스, 마이클 잭슨, 브룩 실즈, 마돈나, 레이디 가가, 조지 클루니 같은 스타들도 이 요가의 추종자이다.

비크람의 요가철학은 'tough love'이다. '지옥이 천국으로 가는 유일한 길이다'라고 하면서 땀을 뻘뻘 흘리며 지옥 같은 요가를 해야 몸과 마음이 천국에 있는 것처럼 된다는 말이다. 그의 말대로 몸과 사투를 벌여야 절제가 생긴다는 것이다.

요가는 나 자신이 누구인지, 나를 받아들이는 법을 가르쳐주었다. 물론 당시에는 나 자신을 사랑하는지 확신하지 못했고 왜

내가 자신을 사랑하지 못했는지 의문이었지만 이제는 위안을
찾았고 나를 사랑하는 법을 배웠다.

　그래서 요가야말로 자신을 사랑하지 못하는 사람, 또 몸과 마
음이 지치고 스트레스를 받는 현대인에게 권해주고 싶은 자기
관리의 한 방법이 아닐까 한다.

클로이의 Life Lesson II

경험은
모든 지식의 어머니이다

Lesson 11

자신을 사랑하는 법을 배우기

◉

방송 일을 시작한 이래, 많은 시간 동안에 나는 새벽에 일어나 방송국을 향했다. 방송국에 도착하면 바로 분장실로 가서 거울을 들여다보며 나 자신을 인정하려고 애썼다. 하지만 난 항상 내 얼굴과 몸에 대해서 결점을 찾아내곤 했다.

그중 최악의 것은 내 이마에 난 흉터였다. 남들에게는 사소한 것일지도 모르지만 내게는 엄청나게 크게 느껴지는 흉터였다. 10대 시절에 겪은 대형사고로 인해서 생긴 흉터라서 거울만 보면 그 흉터가 크게 느껴졌다.

어린 시절에 남들은 평생 겪지 않을 수도 있는 대형 사고를 두 번이나 겪고 나니 '내 인생은 늘 사고를 달고 다니는 것 아닌가?'

하는 생각이 들었다.

스키사고가 나던 그날이 기억난다. 사고로 의식불명에서 깨어나고, 의사가 붕대를 풀어주던 순간, 난 수술을 마치면, 기적처럼 할리우드 영화에서 보듯이 내 몸이 완치되어 있는 걸 기대했다. 하지만 거울 속의 내 모습은 절망적인 것이었다.

내 이마에 생긴 흉터는 나로 하여금 항상 10대 시절의 이런 트라우마를 기억하게 한다. 시간이 지나면서 내 몸은 점점 정상으로 회복되어 갔지만 사고로 인한 마음의 충격은 쉽게 치유되지 않았고, 무언가 공포와 불안은 내 인생을 늘 따라다녔다.

내 인생에 왜 이런 사고가 일어나는지 궁금했고, 마음의 평화를 얻지 못했다. 이마의 흉터를 보면 문득 문득 떠오르는 사고의 기억 때문에 억지로 머리를 흔들며 생각을 없애버리기도 하면서 초조한 기분을 가라앉히려고 노력했지만 쉽지 않았다. 어느 순간 갑자기 초조한 기분이 들기도 했다.

대학교 2학년 시절, 방송국에서 일했기 때문에 주변의 부러움을 사기도 했다. 당시 EBS교육방송에 정기적으로 출연하면서 내 존재가 서서히 알려졌고 많은 여대생들이 갈망하는 꿈의 직업을 갖고 있었지만 난 여전히 불안에 싸여있었다. 거울에 비친 내 모습을 보면서 움츠러들고, 내 이마를 보며 꿰맨 수술 자국을 손으로 쓰다듬었다.

아름다움의 절대적인 기준은 없다

어느 무더운 여름날 성형외과 의사를 찾아갔다. 의사들은 흉터재생 같은 별로 수익이 남지 않는 수술을 하고 싶어 하지 않았다. 그래서 몇 군데의 병원을 찾아다녔지만 뾰족한 소득이 없어서 실망했고, 미국으로 비싼 치료를 받으러 가야 하나 고민했다.

그러다 드디어 이 분야의 전문가인 한 의사를 찾아갔다. 진찰실에서 그 의사는 내 이마의 흉터를 보면서 이렇게 말했다.

"죽은 피부를 제거하고, 그 흔적을 줄일 수 있습니다."

그는 이렇게 말하더니 다시 실망스런 말을 덧붙였다.

"하지만 완벽하게 흉터가 없어지진 않을 겁니다."

의사의 말을 듣고 난 무척 실망했다. 완벽하게 깨끗한 이마를 갖고 싶었던 내 바람과는 달리 그의 말에 따르면 완전히 흉터가 사라지는 건, 단지 희망사항일 뿐이었고 기적은 없다는 것이었다.

하지만 그렇게라도 일단 치료를 받는 게 중요했다. 2년간 두 번의 흉터 제거 수술을 받았다. 다행히 울퉁불퉁하던 부분이 사라지고, 감각도 회복되었다. 그러나 극적인 변화는 없었고 죽은 피부를 완벽히 재생할 수는 없었다.

난 고민했다.

'방송 일을 포기해야 하나?'

여배우나 방송 진행자가 이마에 흉터가 있는 경우는 보지 못했기에 이 흉터 때문에 내 꿈을 포기해야 하는지 절망했다.

나의 담당 의사는 내게 이렇게 말했다.

"그동안 수많은 성형수술을 해왔어요. 아름다운 여배우나 예쁜 얼굴을 가진 그 누구라도, 그 어떤 성형수술을 한다고 해도, 막상 자신이 마음에 안 들면 할 수 없습니다. 완벽한 것은 없어요. 완벽이란 개념은 자신의 마음에 있습니다. 높은 코, 큰 눈, 뾰족한 턱, 이런 것이 미인의 정의는 아닙니다. 이마의 흉터도 헤어스타일이나 메이크업으로 커버가 가능하고, 흉터도 가려지니까요. 나이가 더 들면 지금의 흉터가 주름으로 보일 거예요. 내 말을 믿으세요. 앞으로 30대, 40대가 되면 괜찮아질 겁니다."

의사는 이렇게 말했지만, 막상 그때는 그의 말이 귀에 들리지 않았고, 즉각적으로 완벽한 기적을 원했다. 흉터가 완벽하게 없어지지 않는다는 그의 말이 잘못되었다고 반박하고 싶었다. 당시 20대의 나는 30대, 40대가 되어간다는 걸 상상할 수 없었다.

자신을 사랑하는 것부터 시작하라

병원에서 수술을 받던 날 저녁에 나는 거울을 보며 다시 내 이마를 관찰했다. 수술을 받아서 이마가 빨갰지만, 죽은 피부가 재생되고 표면이 매끈해져 있었다. 아직 통증이 있어도 감각은 돌아왔다. 흉터는 눈에 띄기는 했지만 그 전보다는 나았다.

그 후 의사의 충고를 받아들여 흉터를 가리는 메이크업과 헤어스타일을 연구했다. 그리고 이마의 흉터를 자연스레 감추게 되면서 자신감이 생기고 방송일도 더 들어왔다. 내겐 작은 기적이었다.

어느 날 아침 거울을 보던 난, 나 자신에게 가만히 이야기했다.

'니 얼굴은 예뻐, 이마의 흉터는 완벽하게 없어지진 않겠지만, 넌 여전히 괜찮아. 그 사고로 생명을 건졌을 때, 인생을 새로 살아보라는 기회가 주어진 거야. 넌 모든 걸 다시 시작할 수 있을 거야."

그리고 난 결심했다. 완벽하게 아름다운 얼굴은 아니지만 방송 일을 누구보다 잘 해낼 수 있다고 다짐했다.

만일 내가 이런 상처와 고통을 겪지 않았더라면 내 인생이 얼마나 달라졌을까 궁금하다. 내가 나와의 싸움에서 졌다면 난 이렇게 노력하며 살지 않았을 것이다.

인생은 그런 것이다. 우리는 우리 운명에 대한 열쇠를 가지고 있다. 지금도 내 아침의 일상은 내가 방송 일을 시작하던 그 시절부터 변한 건 없다. 거울 앞에서 외출 준비를 하고, 나의 흉터도 그대로 있다. 그러나 그 의사의 말처럼 천천히 나아지고 있다.

나이가 들어가면서 흉터에 대해서도 관대해졌다. 지금도 난 단순히 젊어 보이기 위한 외과적인 수술, 필러시술을 하고 싶지 않다. 거울을 볼 때 마다 내가 누구이고 내가 어떻게 이곳에 왔는지를 생각한다. 나의 흉터는 여전히 남아있고, 죽을 때까지 있을 것이다. 어쩌면 그 흉터는 나 자신일지 모른다.

지금 내가 누구인지 깨닫고 또 내가 무얼 원하는지 알아야한다. 그 첫걸음은 나를 사랑하는 것으로부터 시작한다. 내가 실패한 것, 내가 모자라는 어떤 것을 자꾸 비판하지 말자. 인생은 넘실대는 파도를 넘으며 목적지를 찾아가는 여정이다.

Lesson 12
삶이 이끄는 대로 거스르지 마라

◉

난 그날 그 특별한 일요일 아침을 영원히 기억할 것이다. 여전히 나를 몰아붙이며 열심히 일했고, 그날도 오전 6시쯤에 겨우 잠이 들었다. 하룻밤 내내 잠도 안자고 프로그램 대본을 정리하고 잠이 겨우 들었는데 핸드폰이 울렸다.

반쯤 잠들어 있고 고통스러울 정도로 피곤한 상태였기 때문에 전화를 무시하며 생각했다.

'오늘은 내가 쉬는 날이고, 쉬는 날에는 전화를 받기 싫다.'

하지만 휴대폰 벨은 계속 울렸고 하는 수 없이 전화를 집어 들었다.

"여보세요?"

수화기 너머 여자의 목소리는 당황한 듯이 들렸다.

"안녕하세요 클로이. 쉬는데 연락드려서 죄송하지만 우리 일요일 앵커가 갑자기 아프다고 해서요. 혹시 방송국으로 와줄 수 있어요?"

나는 어안이 벙벙했다. 그동안 한 번도 직장에서의 요구를 거절한 적이 없었기에 이번만큼은 단호하게 거절하기로 했다. 아니 일을 할 수가 없었다. 난 갈라지는 목소리로 남은 에너지를 짜내어 단호하게 말했다.

"월요일 아침부터 영상편집에 들어가야 하는 프로그램의 마무리 때문에 밤을 새웠어요. 다른 사람을 찾을 수 없을까요?"

앵커들의 스케줄 담당자인 그녀는 결국 포기했다.

"이해해요. 요즘 너무 많은 일을 한꺼번에 해야 하니 굉장히 힘들 것이란 건 알아요. 다른 사람을 찾아보도록 할게요."

통화를 마치고 안도의 한숨을 내쉬고 깊은 잠에 빠져들 무렵에 핸드폰이 다시 울렸다. 난 결국 다시 전화를 받고 말았다.

삶의 흐름을 거스르지 마라

일어나서 화장실로 가서 거울을 보니, 굉장히 슬퍼 보이는 여자가 화장실 거울에 비치고 있었다. 화려한 메이크업도 멋진 헤어도 이 여자를 기운차게 할 수 없었다. 그리고 그 여자는 다시

한 시간 내로 생방송에 들어가야 했다.

아무도 전화를 받지 않아서 결국 내가 맡은 것이다. 얼굴은 부었고 부은 눈 때문에 쌍꺼풀이 사라져 있었다. 내가 봐도 참 지독한 몰골이었다. 택시를 타고 회사로 향하며 창문 밖을 내다보자 햇살이 나를 위로하듯이 내리쬐었다.

나는 깊은 생각에 잠겼다.

'저 너머엔 더 나은 삶이 있을까? 하고 싶은 일을 하면서도 최소한 가끔이라도 행복한 주말을 보낼 수 있는 일은 없을까?'

난 휴식이 필요했고 삶의 균형을 되찾아야 했다. 울고 싶었지만 기대어 울 사람도 없었다.

전화를 받지 말고 다른 이들처럼 무시했어야 하지만 이미 늦었다. 그래도 위로가 된 것은 내가 옳은 일을 한다는 것이었다. 그러나 가끔 그 옳은 일도 내게 도움이 되는지, 안되는지 알 수가 없었지만 어쨌든 난 옳은 일을 선택했다.

셀 수 없이 수많은 밤과 주말을 일에 치여서 보냈다. 최종 결과물을 위해서 시각효과, 음향효과까지 넣고, 아이디어 대본을 짜고, 그런 모든 일을 해냈다.

지나고 보니 내가 했던 모든 것들이 지금 나의 바탕이 되었다. 내 삶은 그렇게 완성되어 가고 있었다. 가끔 우리에게 힘든 일이 생기면, 이를 깊이 고민할 때가 있지만 내 경험에서 보자면 모든 일은 이유가 있어서 일어나는 것이다.

 삶이 이끄는 대로 거스르지 않는 것이 좋을 때도 있다. 모든 것은 이유가 있어서 일어나고 시간이 한참 흐른 뒤에야 그 이유를 알 수 있을 것이다.

경험은 모든 지식의 어머니이다

◉

그동안 나 역시 많은 시행착오를 겪었다. 한 유명 미술관 관장과의 인터뷰 관련 일화가 기억이 난다. 비디오 저널리스트로서 대본 쓰기, 녹화, 편집, 보도 등의 일을 하던 초기에 벌어진 일이었다.

당시 인터뷰를 하기 위해 미리 현장에 도착했고 TV 카메라를 적절한 배경에 배치했고 조명을 설치하며 준비를 했다. 관장은 처음으로 하는 인터뷰에 긴장된 표정이 역력했다.

난 동남아 미술의 동향을 주제로 한 인터뷰를 할 예정이었다. 시간은 그리 길지 않았고 단 몇 분간의 인터뷰와 전시장 촬영이었다. 리허설을 몇 분 했는데도 관장은 더욱 긴장했다. 난 시간을 낭비할 필요가 없어서 재빨리 시작했다.

"이 전시회의 주제는 무엇인가요? 동남아 미술 시장의 최신 동향에 대해 설명을 부탁드립니다."

이렇게 카메라 앞에서 질문하고 녹화 버튼을 눌렀지만 카메라가 작동이 되지 않았다. 카메라 테스트를 하고, 오작동 사인도 확인했지만 정상이었다. 배터리도 있고 전원이 들어왔는데 무슨 일인지, 잘 살펴본 후에 난 경악했다. 안에 테이프가 없었던 것이다.

이제 두 가지 옵션밖에 없었다. 첫째는 회사에 남아있는 동료에게 테이프를 가져오게 하는 것이다. 문제는 시간이 걸리고 내 실수를 인정하는 꼴이었다. 두 번째는 내가 직접 가져와야 하지만 이 상황을 관장에게 어떻게 설명해야 할까, 곰곰이 생각한 후에 카메라 스위치를 끄고 긴장한 관장에게 다가갔다.

"관장님 인터뷰 준비에 더 시간이 필요할 거 같은데, 제가 준비하는 동안에 하실 말씀을 더 검토해보는걸 어떨까요?"

내가 이렇게 묻자, 그는 얼굴이 밝아져서 동의하는 의미로 고개를 끄덕였다.

그렇게 얼른 상황을 수습하고 차로 가서 시동을 걸고 방송국으로 달려갔다. 결국 45분 후에 다시 촬영을 재개했다. 내가 현장에 도착해서 관장을 보자 그는 나무 밑에서 쉬고 있었다. 이제는 마음이 편안해져서 아까 긴장해서 얼어붙은 사람과는 사뭇 딴 사람처럼 보였다. 그를 보고 활짝 미소 지으며 카메라에 테이프를 넣고 크게 외쳤다.

"준비되셨죠?"

그날의 촬영은 순조롭게 마쳤고 그 이후에 다시는 장비를 놓고 가는 실수를 안 한다. 인생은 이렇게 크고 작은 실수를 통해서 배워나가는 과정이다.

똑똑한 사람보다는 지혜로운 사람이 되라

직장 내 인간관계에 대해서 언급해보자면, 상사에게 잘 보이려고 하고, 동료나 후배들과는 잘 지내지 못하는 사람들이 있다. 그러나 요즘은 급변하는 시대이다. 내 후배였던 사람이 다른 곳에서 내 거래처나 상사가 될 수도 있다. 그래서 누구와도 잘 지내는 것이 중요하다.

요즘 똑똑한 이들은 많지만 관대하고 배려심 있는 이들은 적다. 배려심 있고, 관대한 자질을 가진 이들이 앞으로 잘 뻗어나갈 것이다. 사내에서 작은 일이라도 친절하게 대해주면 사람들은 항상 그 친절함과 관대함에 고마워한다. 그러면 나도 모르게 일이 잘 풀리게 된다.

사회 초년시절에는 무조건 의욕만 넘치지만 나이가 들어가면서 일에 있어서나, 인간적으로 좋은 사람이 된다는 것이 중요하다. 일은 언제, 어디서, 어떻게 풀릴지 모른다. 너무 좁고 이기적인 생각만 하고 세상을 폭넓게 보지 못한다면 하는 일이 막힐 수도 있다. 세상 이치가 그런 거 같다.

사회 초년에 쓰던 전략을 30대에 들어서도 여전히 활용할 수는 없다. 남들을 대할 때에도 느긋하고, 그 직책에 맞는 여유로움과 관대함이 필요하다.

내가 특히 강조하고 싶은 것은 말 실수를 하지 말자는 것이다. 무슨 일을 추진하거나 직장을 바꿀 때, 일과 관련된 사람들이나 친한 친구에게라도 상의한답시고 함부로 말하지 말아야 한다.

아무리 절친한 친구라도 그 친구가 상황이 좋지 않다면 내가 하는 말을 긍정적으로 피드백해주지 않을 확률이 높다. 질투심이라고 하면 직접적인 표현이지만, 자신은 일이 안 풀리는데 내가 갑자기 승진에 관한 일을 상의한다면 그 친구로부터 부정적인 반응이 나올 수도 있다.

또한 일부 친구나 직장동료들이 나를 경쟁자로 볼 수도 있다면 특히 자기 상태가 불만일 때 남이 좋은 기회를 갖는 것을 방해하는 부정적인 조언을 할 수도 있다.

내 마음을 가장 잘 아는 사람은 그 누구도 아니고 바로 나 자신이다. 그러니 중요한 일일수록 침묵을 지키는 것이 중요하다.

믿는 사이라서 상의했는데 말을 함부로 전달해서 나쁜 소문을 퍼뜨리는 경우도 보았다. 그런 상황을 막으려면 친구라고 무조건 믿으며 상의하지 말고 내 마음이 이미 결정이 난 상태에서 주변에 이야기하는 것이 좋다. 남한테 조언 받는 건 굉장히 조심해야 한다.

일을 할 때에도 나와 가치관이 맞고 마음이 통하는 사람들과 일하는 게 중요하다. 사람들은 일이나 이익을 추구하는 관계에서 상대방이 좋든, 나쁘든, 사기꾼이든, 아니든 상관없이 일한다. 그러나 그건 잘못된 것이다. 잘못하면 이익을 보기 보다는 오히려 사기만 당하는 경우도 많다. 마음이 맞고 진실한 사람과 일을 해야 결과도 좋고, 정의로움 속에서 성공이 있고 결실이 있다.

특히 여자들은 유혹도 많기에 본인을 보호할 줄 알아야 하고 루머도 조심해야 한다. 내 자신의 자존심은 그 무엇과도 바꿀 수 없다. 자존심을 지키며 일해야 한다.

스탠바이, 항상 준비된 상태가 되려면

채널뉴스아시아에서 방송저널리스트로 일하면서 전 세계를 여행할 기회가 많았다. 뉴스 제작자를 만나고 긴급 뉴스를 보도하는 등 세계를 여행하면서 역동적으로 일했다.

그러나 방송일은 재미있지만 막상 부딪쳐야할 현실은 악몽과도 같은 순간들도 많았다. 잠도 못자고 휴식이 부족하고 만성피로에 시달렸다. 방송에서는 늘 심한 긴장감도 견뎌내고, 멋진 모습만 보여줘야 했다.

방송 진행자는 최고의 모습을 보여야 한다. 조명이 비추는 스튜디오에서처럼 능숙한 메이크업 아티스트들과 헤어스타일리스트들이 항상 대기하고 있는 곳에서는 머리가 조금만 흐트러져도 금방 확인하고 고칠 수가 있다. 그런데 스튜디오를 벗어나면 상황은 달라진다.

내 손으로 메이크업을 해야 하고, 스튜디오와 야외 촬영 등 모든 상황에서 언제나 잘 어울리는 모습을 유지하려고 노력해야 한다. 초보시절에 화장에 서툴고 머리 손질에 서툰 나는 노하우가 부족했고 시간도 부족했다. 메이크업을 직접 하려고 이른 아침에 일어나서 얼굴이 초췌해 보이기도 했다.

이처럼 방송저널리스트로 일하던 초기의 내 모습은 긴장하고 위축되어서 어설펐다. 피로와 스트레스와 시차적응 등의 모든 문제가 보였다. 피부 톤은 칙칙하고, 기름기가 돌고, 아이라이너는 번지고, 헤어스타일은 헝클어진 상태였다.

그렇게 다소 실망스러운 내 모습을 보며 온갖 시행착오를 겪은 후에야 비로소 내 손으로 직접 단장하기 시작했다. 방송국에서도 메이크업 팀에 의지하지 않고 스튜디오 촬영이나 야외촬영, 해외 출장 시, 가장 멋져 보이는 법을 연구하고 터득했다.

만일 이 업계에서 살아남고 싶다면, 메이크업을 연구하고, 화장품의 특징을 연구해야 한다. 어떤 스타일과 어떤 브랜드가 나에게 딱 맞는지 또 어떤 것이 맞지 않는지를 연구하고 깨달아야 한다. 나 역시 밝은 스튜디오 불빛에서 또 자연광에서 내가 어떻게 비쳐지는지 내 모습을 연구하고, 여러 가지 메이크업 노하우를 알게 되었다.

방송인은 막 방송에 돌입한 순간, 멋지게 보여야 한다. 피곤해 보이고 얼굴이 붓고 시차로 인해서 지쳐 보이고 잠이 부족한 순간에도 생생하게 빛나는 법을 알아야 한다.

여드름이 나기 쉬운 10대, 20대에 내 필수품은 알로에였다. 그때 이후로 알로에는 내게 빠질 수 없는 필수품이다. 벌레 물릴 때, 피부 트러블 진정, 심지어 헤어 스타일링 등에 알로에를 활용한다.

알아두면 유용한 뷰티 노하우

화학물질로 가득한 화장품 때문에 알레르기가 생기기 시작하면서 헤어스타링 제품을 피하고, 화장품에 들어있는 화학물질을 피하기 시작했다. 다음은 나의 몇 가지 노하우다.

- 난 20대 중반부터 비누를 멀리했다. 얼굴에 비누는 사용하지 않았다. 손을 씻거나 몸을 씻는 용도로만 사용한다. 10대 후반부터 요구르트, 꿀, 진흙, 알로에를 사용해서 천연 팩을 만들고, 내 피부에 맞는 천연 성분을 찾았다.

- 수많은 비싼 크림도 많지만 가격에 비해서 효과는 적다. 난 스킨케어 상품을 잘 살펴본다. 화학방부제는 피하고, 그게

싫어서 베이스 에센스는 항상 만들어 쓴다. 또 메이크업을 잘 지우는 것은 매우 중요하다. 화장을 안 하는 날은 물로만 헹군다. 물로 헹구고 무알콜 토너로 마무리한다. 메이크업 제거에는 면으로 된 스펀지를 사용해서 클린징 크림을 지운다.

- 반드시 클린저가 있을 필요는 없다. 수분 마스크와 로션도 클린저 대용이 가능하다. 분유는 심하게 짙은 메이크업을 아주 부드럽게 제거할 수 있다. 제일 좋은 분유를 사서, 손바닥에 올려놓고 물로 개어서 얼굴에 문지르면 짙은 화장도 지워진다. 피부트러블도 안 생기는 좋은 방법이고, 분유는 수분이 없는 피부를 촉촉하게 만들어서 아기 같은 피부가 된다.

- 방송용 메이크업은 적게 할수록 좋고 투명하고 자연스러운 것이 좋다. 특히 미네랄 메이크업은 탁월하고 피부에 좋다.

- 콘택트렌즈를 사용하면, 워터 프루프 마스카라는 피한다.

- 아이섀도는 눈썹을 풍성하게 해준다. 눈썹에는 아이섀도를 활용하는 것이 펜슬보다 더 자연스럽다. 속눈썹 파마나 열로 가하는 속눈썹 고대기(curler)는 자제하는 게 좋다. 눈썹이 빠진다.

- 메이크업 브러시에 돈을 투자하라. 자연모를 사용하는 게 중요하다.

- 머리 염색약은 꼭 유기농 천연제품을 사용해야 한다.

- 항상 찬물로 머리 감고, 젖은 머리를 헤어드라이어로 말리지 말라. 머리카락이 상하는 원인이 된다. 난 종종 젖은 머리로 미장원에서 나온다. 특히 염색하고 나서는 헤어드라이로 말리기보다는 자연스럽게 말려야 한다. 염색 후 열을 가하지 않으면 머리카락이 빨리 회복된다.

- 머리를 저녁에 감으면 아침 시간도 절약되고, 머리도 헤어드라이어 없이 말릴 수 있다. 헤어 젤은 사용하지 말고, 알로에를 사용한다. 스타일링할 때는 수분을 이용한 열을 가해서 스타일을 만든다.

- 헤어마스크를 사용해보라. 머리카락이 아주 건조하고 거칠다면 염색하고 파마한 후에 헤어마스크를 한다. 계란 노른자를 코코넛 오일과 섞어 머리에 한 시간 동안 둔다. 그리고 샴푸로 씻어내면 머리가 반짝거린다.

- 비행기를 타고 출장을 갈 때, 피부가 피곤해보이기 쉽다. 비즈니스 석을 탔던, 이코노미 석을 탔던 관계없이 비행기에

서 내릴 때 아주 신선한 모습으로 등장하는 방법이 있다. 우선, 비행기에 타면 메이크업은 꼭 지운다. 비행기 안에서 페이셜 마스크는 피부의 구세주이다.

- 12시간 이상 장거리 여행에는 메이크업을 제거해야 한다. 종종 페이셜 마스크를 장시간 비행 중 사용하는데, 이것이 부담스럽고 다른 승객이 신경 쓰이면 담요를 뒤집어쓴다. 아이크림을 눈 주위에 두드려 바르고, 비행하는 동안에 눈가에 생기는 주름을 방지한다.

- 머리를 위로 말아 올려서 고정하는 번 스타일을 한다. 심지어 번 스타일은 착륙 후에 비행장으로 나갈 때 머리에 볼륨감도 준다.

- 비행기에서 내리기 전에 썬블록을 사용하고, 피부가 민감하면 부드러운 어린이용 썬블록을 사용한다.

- 입술 연고를 늘 가방에 넣어둔다. 여행 떠나면 입술이 갈라지고 건조해진다.

- 블러셔는 화장의 중요한 포인트이다. 볼에 블러셔를 살짝 발라서 생기를 준다. 웜 톤으로 사용한다.

- 비행 중에는 생수를 마신다. 외부로부터 수분을 주려고 노력한다.

- 맥주든 와인이든 칵테일이든 알코올음료는 마시지 말자. 알코올은 비행 중에는 특히 피부를 건조시킨다.

- 탄수화물 음식도 피한다. 비행 중 얼굴을 붓게 한다.

나만의 성공전략을 써라

◉

성공한 사람들은 그들의 성공전략이 무엇인지 가장 많은 질문을 받는다. 그러나 성공의 비결은 개인의 분야가 다른 만큼 각양각색일 수 있다. 나는 그래서 자기만의 성공전략을 세워야 한다고 말해주고 싶다.

나의 경우를 말해보자면, 우선 나만의 성공의 비결은 커리어 초기와 자리가 잡힌 후의 전략과 접근 방법이 달라져야 한다는 것이다. 초기에는 일을 배워야 하고, 인간관계, 업무 스킬 등 모든 것이 새롭고 낯선 것이기에 무조건 예스우먼이 되어서 일에 열정을 보여야 한다. 열정은 초보에게는 필수적이다.

무조건 현장에 뛰어 들어가야 생존 경쟁에서 살아남을 수 있다. 그리고 나서 어느 정도 자리가 잡히면 자신만의 방식을 선택해야 한다.

자기만의 성공전략이 필요하다

내가 말해주고자 하는 성공 전략은 다음과 같다.

첫째, 주어진 일이라고 무작정 맡지 말고, 일도 잘 선별해서 해야 한다. 무작정 모든 일을 맡아서 하면 체력과 정신력의 소모가 극에 달한다.

둘째, 직급이 높아질수록 어느 정도 느긋한 자세를 보이는 게 중요하고 상황에 따라 요령 있게 대처하는 능력이 중요하다. 점점 지위가 확고해 질수록 정말 신뢰할 수 있는 사람들과 긴밀하게 일할 수 있도록, 같이 일할 사람들을 선별해서 일하는 것도 중요하다.

우리는 사생활에는 믿음직하고 신뢰하는 친구들을 가까이하고 사기꾼을 피하고자 한다. 그러나 사회에서는 다양한 사람들이 있으므로 그 누구와도 좋든, 나쁘든 협력해서 일하게 된다. 하지만 소위 말하는 악의를 가진 사람들은 일에 있어서라도 가깝게 지내지 않는 게 유익하다.

한마디로 일의 파트너로서도 인간적인 됨됨이가 괜찮은 사람을 선택해야 한다는 말이다. 가치관이 같고, 사상이 비슷하고, 비전이 같다면 시너지가 생겨서 그 결과가 성공적이다.

셋째, 실패는 더 큰 성공을 위한 발판이다. 실패할 때 철저한 원인 분석 후 앞으로의 더 큰 성공을 위해 낙심하지 않고 정신을 바짝 차리는 게 중요하다. 실패했을 때 낙담하고 주저하지 말고 곧바로 일어서야 한다.

넷째, 인내심이야 말로 성공의 밑바탕이다. 인내하는 자에게는 반드시 성공의 결실이 있다. 우여곡절을 겪더라도 인내하며 목표를 향해서 뛰어가야 한다.

다섯째, 크게 생각하고 비전을 가져야 한다. 아무리 크고 불가능한 꿈도 작은 희망과 생각에서 시작된다. 인맥, 학벌, 혈연, 지연 등 나의 부족한 면을 불평하지 말고 목표를 향해 나가다보면 어느새 불가능해 보이는 꿈이 현실과 가깝게 다가와 있다.

여섯째, 상황이 나쁠 때, 일이 꼬일 때, 절대로 불평하지 말자. 일이 안 풀릴수록 새로운 도전 혹은 내 능력을 테스트하는 기회라 생각하고 전화위복의 계기로 생각하라.

일곱째, 침묵의 미덕도 중요하다. 중요한 협상 중이라면, 그리고 내 인생에 터닝 포인트가 되는 일을 계획할 때 친구나 회사동료 등 친한 주변 사람에게 발설하지 않는 것이 중요하다. 주로 일이 꼬이는 건 함부로 내뱉은 말에서 비롯되니 말을 삼가야한다.

여덟째, 돈을 좇지 마라. 이건 흔한 말이지만 진리이다. 연봉이 높다고 현혹되지 말고, 돈 말고 꿈을 좇고 자신이 좋아하는 일을 하면 돈은 저절로 따라온다.

이렇게 내가 생각하는 성공 전략을 써나가다 보니, 모든 진리는 통한다는 말이 떠오른다. 이처럼 열정, 인내, 노력이 갖춰진다면 성공하지 못할 일은 없다.

일과 가정, 두 마리 토끼를 잡으려면

일과 가정, 두 마리 토끼를 잡으려는 워킹우먼은 또 다른 전략을 써야 한다.

몇 년 전 한 중년 아나운서로부터 들은 얘기가 기억이 남는다. 크고 짙은 눈에 흰 피부를 가진 그녀는 딸 둘을 낳고 난 뒤, 아이 양육에 전념하려고 직장을 그만두었다고 했다. 그런데 일을 그만둔 지 몇 년이 지난 어느 날, 세살도 안 된 어린 딸이 갑자기 이렇게 말했다고 했다.

"엄마는 아빠보다 능력이 없어. 아무 일도 안하고 집에만 있어. 아빠는 밖에서 일하는데."

뒤통수를 한방 맞은 듯, 딸의 말을 듣고 황당해진 그녀는 이렇게 반박했다고 한다.

"엄마가 아빠보다 왜 능력이 없어? 엄마도 일할 수 있어. 엄마는 너희들 때문에 일을 그만둔 거야, 모르니? 엄마는 텔레비전에 나오는 방송인이었어."

그녀는 이 일이 있고나서 갑자기 이래선 안 되겠다는 생각에 즉시 방송국에 연락해 혹시 시간제근무라도 일을 할 수 있는지 알아보았고 일을 다시 시작했다고 말했다.

"딸들에게 엄마는 아빠와 동등하게 일을 하는 사람이란걸 보여주고 싶었기 때문이었어요."

그녀는 나에게 이렇게 털어놓았다.

커리어 면에서 성공한 여성들이 늘어나는 건 세계적인 현상이다. 하지만 여전히 동서양을 막론하고 수많은 여자들은 스스로 '과연 결혼, 자녀, 커리어 등 모든 걸 다 가질 수 있을까?' 라고 스스로 묻곤 한다. 특히 승부욕이 강한 여성들일수록 가정과 커리어의 균형을 찾고자 애쓰다가 스스로 혼란에 빠진다.

아무리 세상이 변한다하더라도 결혼과 일의 조화는 힘든 문제다. 그러나 주변의 기혼 워킹우먼을 봐도 중요한건 효율성이다. 슈퍼우먼으로 혼자서 다 하려고 끙끙거리느니 주변의 도움을 받는 게 가장 효과적이다.

특히 재능이 있고 일에 욕심이 있다면 가정 때문에 커리어를 포기한다는 건 너무 아까운 일이다. 그래서 배우자를 선택할 때도 여자를 파트너로 생각하고, 여성의 커리어를 존중해주는 사람을 골라야 한다.

여전히 직장 내 성차별, 성추행 또는 성희롱, 부당한 승진, 부당한 해고 등이 존재하지만 많은 여성들이 남편 또는 남자친구보다 돈을 훨씬 더 많이 버는 경우도 드물지 않다. 결혼으로 여성의 커리어가 끝나는 시절은 이미 지나갔다.

방송계 진출을 희망한다면

◉

　방송사에서 일하는 건 화려해 보이지만 그 현실은 밖에서 보이는 화려한 면과 매우 다르다. 치열한 입사 경쟁, 주말도 휴일도 없는 생활, 살아남기 위해 동료와 힘든 경쟁을 한다. 그래서 방송에 대한 진정한 열정이 없다면 그런 피나는 노력을 자신이 좋아하는 일에 쏟아 붓는 편이 낫다.

　또한 방송에 필요한 자질이 본인에게 있는지 철저하게 심사 숙고할 필요가 있다. 수많은 여성들이 방송계를 동경하고, 화려해 보이는 면만 보고 들어왔다가 몇 년도 안 되어서 포기하는 걸 많이 보았기 때문이다.

　인내심, 순발력, 배우려는 자세, 창의적인 정신이 있어야 한다. 그리고 일찌감치 공휴일이나 주말에 쉴 생각을 접고 일에 전념해야 한다. 일이 육체적, 정신적으로 고되기 때문에 좌절하지 말고 포기하지 않는 점이 필요하다.

일단 방송계에 진출하고자 결심을 단단히 한 상태라면 되도록 일찍 시작하는 것이 큰 도움이 된다. 방송국 인턴이든 보조이든 일을 꺼리지 말고 일단 뛰어들어 본다.

방송국이든 프로덕션 회사든 어떻게 해서라도 일단 발을 내딛고 그 업계의 돌아가는 실상을 낱낱이 파악하고 시행착오를 줄이다 보면 어느덧 경력자로서 든든한 자리매김을 하고 있을 것이다.

방송 일은 철저한 자기관리가 필수적이다

어느 날 잠에서 깼다. 햇살이 창을 통해 들어왔고, 그 햇살을 즐기던 그 순간, 갑자기 깜짝 놀라 몸을 일으켜 시계를 보니 6시 29분이었다. 몸이 부르르 떨릴 정도로 놀랐다.

'생방송 31분 전이네, 이 일을 어떡하지?'

수없이 많은 생각이 밀려왔다.

'지금 뛰어 나가면 30분 내에 방송국에 도착할 수 있을까? 미친 듯이 가면 제 시간에 도착할까? 화장이랑 헤어는 어떻게 하지? 운전하면서 대충 할까?'

그러나 모두 불가능한 일이었다.

'이제 끝장이야. 난 잘렸어. 이젠 끝이야.'

나 자신에 화가 났지만 우선 마음을 가라앉히고 침착하게 상황을 판단해야 했다. 그런데 갑자기 거실에서 내가 틀어놓았던 텔레비전 주말 저녁 프로그램 소리가 들려왔다.

난 한숨을 내쉬었다.

'아, 그래, 지금 일요일이구나.'

일요일 오후 2시에 잠이 들어서 눈을 떠보니 저녁 6시 30분이었던 것이다. 그런데 착각하고 아침시간인 줄 알았던 거다.

방송일은 당시 이렇게 월요일부터 토요일까지 강행군으로 꼭 두새벽부터 출근해야 했기에 난 강박관념처럼 시간에 집착했다. 이런 경험은 그 후에도 여러 번 했지만, 다행스럽게도 시간이 지날수록 혹독한 스케줄이 몸에 배었다.

이렇게 방송일은 철저한 자기 관리가 필수이고, 모든 사생활도 방송을 위주로 돌아가야 하기에 남다른 마음가짐이 필수적이다. 또한 방송진행은 말로 하는 직업이기에 화법이 중요한 만큼 언어의 전문가가 되어야 한다.

언어를 신중하게 고르고 평소에도 말씨를 다듬어야 한다. 그리고 기사 작성을 할 때도 있기에 글쓰기도 중요하다. 정확한 맞춤법, 문법을 알아야 한다.

시사상식도 필수다. 닥치는 대로 기사를 읽어야 한다. 인터뷰를 할 때에도 상식이 풍부해야 하고, 상대방의 이야기를 귀 기울여 듣는 습관을 가져야 한다.

마지막으로 아무리 남들이 알아보고 지명도가 높아져도 초심을 잃지 말고 겸손한 자세를 가져야 한다.

방송 전문가가 되는 길은 끝없는 자기 노력의 결과이다. 그러나 처음엔 힘들어 보여도 한해가 지날수록 점점 더 노하우가 생기고 기술이 늘어갈 것이다.

외국인 동료, 외국인 상사와 잘 지내기

국내에서 외국계 회사에 다니거나, 해외에서 직장생활을 하게 될 경우 미리부터 걱정을 많이 하게 된다. 하지만 내가 주고 싶은 주요 메시지는 미국회사든, 유럽회사든 안으로 들어가 보면 어디나 직장생활의 공통요소는 있다. 그래서 한국과는 다른 상황이라고 불평하지 말고, 살아남으려면 지혜를 발휘해야 한다.

물론 크게 보면 한국회사와 비슷한 점도 있지만, 각 회사마다 고유한 특징이 있다. 우선 새로운 직장에 처음 입사하고 나서는 주변상황을 유심히 관찰하자. 어떻게 돌아가는지 관찰하는 게 중요하다. 그리고 되도록 눈에 띄지 않게 행동해야 한다. 자기 개인상황을 지나치게 많이 이야기하지 말고, 남에게 관심을 보이고, 남의 이야기를 잘 들어준다.

또한 경쟁심이 심한 동료들은 자신에게 특별한 관심을 보이는 것도 부담스러워한다. 일단 낯선 환경에서는 조용히 있는 게 중요하다. 너무 두드러지게 행동하면 비판을 받고 부정적인 주목을 받기 쉽다.

남을 거슬리는 행동도 주의해야 한다. 크게 말하거나, 전화를 큰 목소리로 요란스레 받거나, 남을 배려하지 않는 것도 주의해야 한다.

난 그동안 독일 모델 클라우디아 쉬퍼, 조안 첸 같은 슈퍼스타들을 인터뷰했다. 그들을 실제로 만나면 스스로 슈퍼스타인 척하지 않는다. 진짜 슈퍼스타들은 본인이 잘난 척 하지 않고 조용하고, 프로정신을 내세운다. 본인이 우수한 것은 남들이 인정해 주는 것이지 내가 자랑하고 다니는 것은 아니다.

프로는 누구와도 잘 지낸다

글로벌화 하는 세상에서 이런저런 프로젝트를 다국적으로 진행하거나, 다국적 기업에서 일하는 건 피할 수 없는 일이다. 겉으로 보면 다르게 보이나 안으로 들어가 보면 직장생활은 어느 곳이나 비슷한 점이 있다.

어찌 보면 다국적 기업이나 외국의 기업환경이 더 경쟁이 치열하다. 온정주의가 없고 대충 넘어가거나 그냥 봐주는 일이 없다. 그래서 문화차이로 인한 오해가 생기면 즉시 대화로 풀어가는 게 중요하고, 다른 나라에서 온 동료와 직접적으로 다투는 일은 피하는 것이 좋다. 목소리를 높이거나 화가 날 때 화를 내기 보다는 침착하고 차분하게 넘기는 게 프로의 자세이다.

한 유명한 사업가와의 인터뷰가 기억난다.
"성공하려면 또는 일을 성사시키려면, 그 어느 누구와도 문제없이 지내는 것이 비결입니다."
세상살이는 나와 다른 사람을 만나는 일이기도 하다. 그래서 의견차이도 많고 오해도 많이 생긴다. 그럴수록 도전으로 여기고 하나하나 배워가야 한다.
낯선 환경, 글로벌 환경에 접하게 되면 일단 당황하고 움츠러든다. 내가 여기서 강조하고 싶은 몇 가지가 있다. 우선 어색한 비즈니스 만남이나 인터뷰 자리를 부드럽게 풀고자 한다면, 'small talk'라고, 긴장을 풀어줄 간단한 대화 소재를 준비해두는 게 좋고 평소에 뉴스 헤드라인이나 베스트셀러의 제목과 간단한 내용 정도는 알아두는 것이 대화를 부드럽게 이어나가는 데 도움이 된다.

Lesson 18
인생은 결점을 장점으로 바꾸는 여정이다

◉

인생은 좋은 일이 생기면, 또 힘든 일도 생긴다. 그러나 힘든 일이 닥칠 때마다 나를 단련시키는 계기로 삼아, 이를 전화위복의 기회로 만드는 묘미도 있다.

자신의 부족한 면을 보완하고, 실패를 거울삼아 다시 실패를 반복하지 않도록 노력하다보면 시간이 지날수록 부족했던 부분이 장점이 되기도 하고, 인생을 폭넓게 보는데 도움이 된다.

앞서 언급했듯이 나에게는 큰 인생의 위기가 있었다. 중학교 시절 두 번의 대형 사고를 당했다. 그 당시 나와 셋째 언니는 눈 덮인 산 정상을 헤매다 구조되었다. 마치 인생의 아이러니를 보여주듯이 먼저 떨어진 언니는 머리 뒷부분에 다섯 바늘만 꿰매고 몇 시간 만에 병원을 퇴원한 반면에 난 혼수상태까지 갔다.

겨우 사고에서 회복되고 있을 즈음, 집 근처에서 빨간불을 무시하고 돌진하던 차가 내가 탄 차를 들이받았다. 차 유리에 머리를 박아서 MRI와 CT촬영으로 이어지고 큰 수술을 받고 다시 병원 신세를 지게 되었다.

그 때의 경험은 내가 성인이 된 후 육체적으로나 정신적으로 고통을 받는 사람들을 잘 이해하는데 도움이 되었다. 인터뷰를 하면서 소외된 사람들과 공감대가 생겼고, 그들의 이야기를 귀담아 들을 수 있었다.

사람의 감정이란 겉으로 봐서 알 수 없는 부분이 많다. 아무리 높은 직책에 있거나, 돈이 많거나, 강해 보이더라도 그 내면에 어떤 속사정이 있는지 알 수 없다.

몇 년 전에 젊고 성공한 여성 기업가를 만났다. 겉보기에는 의기양양하고 자신감이 넘쳐 보이는 그녀가 어느 날 굉장히 우울해 보였다. 얘기를 나눠보니 실은 자신이 유방암에 걸렸다는 것이다. 당시 그녀의 나이가 32세 밖에 안 되었는데 암이 오른쪽 가슴에 많이 퍼져있어서 가슴을 절개해야 한다는 것이었다.

그녀의 이야기를 듣고 내 어린 시절이 떠올랐다. 나 역시 오랫동안 병원신세를 지던 시절이 있었기 때문이다. 결국 그녀는 암 치료 과정에서 가슴 한 쪽을 도려내야 했고 방사선 치료 때문에 아름다운 머리카락을 잃었다.

난 좌절하는 그녀를 위로했다. 나 역시 어린 시절 가발을 썼던 기억을 살려내서 그녀에게 가발을 선택하는 법, 머리가 짧게 자라면 부분 가발을 사용하는 법 등을 알려주었다. 다행히 세월이 약이라고 그녀는 유방암에서 완치되었고 머리카락도 다시 자랐다.

우리는 이런 경험을 나누며 절친한 친구가 되었다. 만일 내게 어린 시절의 아픈 기억이 없었더라면 이렇게 유방암을 겪는 친구를 깊이 위로할 수 있었을까?

타고난 재능이 전부가 아니다

또 내가 겪었던 인생의 위기를 떠올려 보면, 두 번이나 대학에서 떨어졌다는 것이다.

고등학교를 졸업할 무렵 4년 장학금을 제안한 대학교에 합격했지만 내가 원하는 대학을 가고 싶었다. 그래서 혼자 몰래 학원에 등록해 일 년을 더 고생했지만, 내가 모아놓은 예금만을 몽땅 써버리고 또 떨어지고 말았다. 새벽 3, 4시에 일어나서 도시락을 싸들고 밤늦게까지 공부했음에도 불구하고, 한 번도 아니고 두 번이나 낙방했다.

다행히 대학에 들어가서는 방송 일을 열심히 해서 두 번의 낙방이라는 실패를 딛고 일어섰다. 전화위복이란 말처럼 어린 시절에 대형 사고를 겪고 나서인지 언제까지 살 수 있을지 두려움이 컸기에 열심히 대학시절을 보내고 싶었다. 누구보다 더 열심히 방송활동과 대학생활을 해서 훗날 내가 방송앵커가 되는데 커다란 자산이 되었다.

어릴 적 미국에서 살았을 때 낯선 환경에서 말 한마디 안하고 교실에 앉아있던 수줍은 여자아이가 이렇게 방송인으로 성장했다. 그래서 노력과 꿈이 사람을 만드는 것이지 타고난 재능이 전부가 아니라는 걸 말해주고 싶다.

부족함을 메우는 비결은 노력뿐이다

이런 똑같은 맥락으로 사람들은 금융전문가도 아닌 내가 세계적인 경제방송국 CNBC에서 활약했다는 사실에 주목하곤 한다. 그러나 그곳에서 빨리 자리 잡기까지 별다른 지름길은 없었다. 오로지 버텨야 한다는 일념으로 가능한 한 모든 금융지식을 빨리 익히려고 밤낮으로 월스트리트 저널과 파이낸셜 타임즈를 차례차례 공부했다.

주식시장과 채권시장에 관한 리서치들을 탐독했다. 외국환 거래나 상품시장의 움직임도 공부했고 다른 비즈니스 방송 프로그램을 아침부터 밤까지 보았다.

그러나 금융 분야는 너무 어려웠다. 경제위기에 관한 보도가 이어지면서 내가 쓸모없는 사람 같은 회의감이 들었고 이런 감정은 나를 우울하게 만들었다. 금융지식을 배우기 위해서 노력했고 자신에 대한 의심과 회의가 생길 때마다 난 내 자신을 확신시켰다. 이 터널을 지나면 반드시 끝이 있을 거라고. 그리고 이것이 내가 진짜 하고 싶은 거라고 굳게 믿었다.

방송 초기에는 상사와 면담을 해야 할 정도로 내 입지가 흔들리고 있었고 경력자로서의 능력을 제대로 발휘하지 못했다. 그러나 나름대로 살아남아야 했기에, 애널리스트, 경제학자, 펀드매니저, 채권중개인같이 내 시야를 넓혀줄 수 있는 사람들에게 전화를 걸어서 인맥을 넓혔다. 밤낮으로 금융관련 읽을거리들을 탐독했다. 그러다보니 시간이 흐르면서 내 위치가 안정되어갔다.

삶이 나에게 가르쳐준 것들

◉

나에게 특별한 배경이나 인맥이 없었어도 소중한 꿈을 이룰 수 있었던 것은 꿈과 비전의 힘이 그만큼 강력하기 때문이다.

간절히 원하면 내가 원하는 세상의 문이 열릴 수 있다. 한국 방송국에서 일할 때나 싱가포르에서 일할 때, 나를 지원해줄 든든한 배경은 없었다. 한국에서도 방송계 인맥도, 정치적인 인맥도 없고, 싱가포르에서도 나를 지원해줄 아군은 없었다. 오로지 내 자신이 나를 의지해야 했다.

나만의 틈새와 강점을 찾아라

한국에서 방송사에 다니던 시절, 처음으로 중요한 텔레비전 프로그램의 진행자를 맡게 되었다가 곧바로 누군가에 의해 밀려났던 날이다. 아무런 사전 예고 없이 방송 직전에 통고를 받게 되었다.

프로그램 대본을 다 외웠고, 피디들과 총연습까지 다 해놓은 상태였다. 그런데 유력 정치인이 자신의 딸을 진행자로 발탁하라고 청탁을 해서 녹화 당일 날 진행자 자리에서 밀려났다.

방송 직전에 세트장으로 내가 걸어들어 가는 그 순간에 갑자기 진행자가 바뀌었다는 통보를 받았다. 순간, 너무 충격적이어서 어떻게 대응해야 할지, 반응해야 할지 몰랐다. 분명 내가 있어야할 자리에서 부당하게 밀려난 것이었다. 그러나 그런 불공정한 거래는 언젠가는 대가를 받게 될 거라고 믿었고, 정의는 언젠가는 힘을 발휘할 거라고 믿었다.

그 이후에 얻은 깨달음은 최악의 상황에 있더라도 틈새와 나만의 강점을 찾아야 한다는 것이었다. 강력한 배경이 있는 사람이 내 자리를 빼앗지 못하도록 능력과 힘을 가져야 한다는 것을 깨달았다.

이후 방송을 철저하게 이해하려고 손에 카메라를 들고 비디오 저널리스트로 돌아다녔다. 기사를 찾고 인터뷰를 하고 비디오를 찍고 편집하고 제작했다. 대본을 연습하고 저널리즘과 제작 과정을 배우고 최선을 다했다.

그러다보니 주변 환경이 우호적으로 바뀌기 시작했고 사람들에게 인정받고 있었다. 그래서 배경과 인맥 같은 네트워크가 없이 성공하려면 더욱 노력해야 한다.

나의 결점 또한 사랑해야 한다

인생의 목표와 간절한 꿈을 이루고자 한다면 본인의 결점도 긍정적으로 받아들여야 한다. 결점을 가진 본인을 미워하거나 탓하지 말아야 한다.

자신이 아무리 불완전해 보이더라도 스스로를 사랑하고 소중히 여겨야 한다. 난 항상 내 얼굴과 몸에 대해서 결점을 찾아내곤 했다. 그중 최악의 것은 내 이마에 난 흉터였다. 얼굴에 난 흉터는 여성 방송인으로서는 치명적인 약점이 될 수도 있는 요소이다.

남들에게는 사소한 것일지도 모르지만 내게는 엄청나게 크게 느껴지는 흉터였다. 10대 시절에 겪은 대형사고로 인해서 생긴 흉터라서 거울만 보면 그 흉터가 크게 느껴졌다.

의사는 완전히 흉터가 사라지는 건, 단지 희망사항일 뿐이었고 기적은 없다고 했고, 2년간 두 번의 흉터 제거 수술을 받았다. 다행히 울퉁불퉁하던 부분이 사라지고, 감각도 회복되었지만 극적인 변화는 없었고 죽은 피부를 완벽히 재생할 수는 없었다. 여배우나 방송 진행자가 이마에 흉터가 있는 경우는 보지 못했기에 이 흉터 때문에 내 꿈을 포기해야 하는지 절망했다.

하지만 의사의 조언대로, 이마의 흉터도 헤어스타일이나 메이크업으로 커버하기로 했다. 흉터를 가리는 메이크업과 헤어스타일을 연구했다. 그리고 이마의 흉터를 자연스레 감추게 되면서 자신감이 생기고 방송일도 더 들어왔다. 내겐 작은 기적이었다. 만일 내가 이런 상처와 고통을 겪지 않았었더라면 내 인생이 얼마나 달라졌을까 궁금하다.

인내와 열정, 노력은 성공의 필수 덕목이다

이외에도 삶이 나에게 가르쳐준 또 다른 깨달음은 인간적으로나 일적으로 성장하려면 온전히 홀로서기를 해야 한다는 것이었다.

처음 싱가포르 땅에 발을 내딛게 되면서 채널뉴스아시아 방송사에서는 3년간 계약을 맺었다. 그런데 난 몇 명 안 되는 외국인 앵커 중 하나였다. 재계약이 될지 안 될지 모르는 일이었다.

앞으로 내 삶이 어떻게 풀릴지 모르는 일이었기에 다방면에서 활약하는 인재가 되고 싶었다. 싱가포르에서 친구, 친지, 동료 그 누구도 없는 곳에서 혼자 생존해야 했다.

그래서 다방면에 능한 인재가 되고 싶었다. 방송저널리스트로 활약하면서 영상을 편집하고 후반작업을 하며 특수효과 등 다른 마무리 작업을 진행하는데 오랜 시간을 보냈다. 어두컴컴한 방에 앉아서 장면 하나 하나를 선택했고 적절한 음악을 배치했다.

내가 경쟁이 심한 업계에서 살아남을 유일한 방법이라고 생각하고, 일을 기획해서 적극적으로 찾아서 하지 않았다면 싱가포르라는 낯선 땅에서 외국인 앵커인 나의 존재는 방송국 내에서 미미했을 것이다.

완벽한 인간이란 없다

흔히 사람들은 자신의 장점보다는 단점에 더 주목하고 단점을 고치려고 애쓰곤 한다. 그러나 완벽한 인간은 없다. 우리 모두는 인생의 마이너스 요소를 갖고 태어난다. 완벽하지 못한 게 인간이고, 삶이기 때문이다. 그러나 그런 마이너스 요소를 어떻게 하면 플러스 요소로 바꿀지 고민하고 실천하는 게 인생이 아닐까?

지금도 난 약점으로 보이는 것들을 탓하고 있지 않다. 내게 약점으로 보이는 것들이 있었기에 겸손할 수 있었고, 그걸 장점으로 바꾸는 과정에서 난 더 나은 인간이 되었고, 프로페셔널이 될 수 있었기 때문이다.

자신의 마이너스 요소를 찾아보고, 그리고 어떻게 하면 그걸 플러스로 바꿀 것인지 고민해 보도록 하자. 몇 년 후에는 놀랍도록 더 나은 사람이 되어 있을 것이고 커리어 면에서 훨씬 더 나은 위치에 있을 것이다.

삶의 궁극적인 목적을 찾아라

◉

무려 5개월 동안이란 긴 휴식의 막바지에서 이 글을 쓰면서 내 인생에서 진정한 휴식다운 휴식을 취하고 있다. 몇 년 전만 해도 일에 취해서 쉰다는 건 상상도 못했다.

미친 듯이 일에 빠져서 일에서 한발자국도 물러나지 않고 20여년을 일해 왔다. 고백하건데 휴식을 취할 용기도 없었다. 최선을 다하고, 한 자리에서 또 한자리로 이동하면서 온 몸의 에너지가 소모되어갔다. 그래서 충전이 필요했고 내 인생이 어디로 갈지 성찰이 필요했다.

이제 내가 앞으로 어떻게 살고 싶은지 심사숙고해야 할 시간이다. 결코 끝나지 않을 마라톤을 멈추고 다음을 준비해야 했다.

처음 10대 시절부터 방송 일을 모든 것처럼 알고, 정신없이 일하면서 내 운명을 통제할 수 있다고 생각했다. 그리고 누구도 내 길을 막지 않았다. 마치 내일이 없는 사람처럼 질주해왔고 뒤돌아보지도 않았다. 그리고 지금 난 여기 와있다.

지금 멈춰선 상태에서 난 생각한다. 왜 나 같은 젊은 여성이 방송을 선택하고, 나의 몸과 영혼을 다 바치고 살았는지……

난 지난 내 방송계에서의 경력에 감사한다. 그 과정에서 나름대로 성공했고 수많은 이들을 만났다.

많은 이들이 방송계에서 스타가 되려고 애쓴다. 그러나 이것만은 명심해야 한다. 그 화려한 무대 뒤에는 비정함이 있고, 끊임없이 미디어에 노출되어야 한다. 또 정상까지 올라가는 그 힘든 여정을 고독하게 참아내야 하며 자신을 더 강하게 몰아붙여야 한다는 것을 말이다.

인내는 진정한 승리의 비결이다

수많은 잠재력을 가진 재능 있는 젊은 여성들이 방송계에 들어오려고 하고, 들어와서는 소리 소문 없이 그냥 사라져 가고는 한다. 그건 그들이 방송생활 중의 힘든 시기를 견뎌낼 수 없기에 포기하기 때문이다. 사실 인내는 모든 승리의 비결이다. 나도 그랬다. 그 모든 걸 인내했기에 경력이 쌓인 것이다.

방송 초기에 어머니가 나를 진심으로 지원했다. 촬영현장에 같이 가주고, 옷과 헤어스타일을 조언해주었다. 다른 재능 있고 아름다운 여성들을 제치고 선택받아서 내 재능을 활용했지만, 나의 경쟁자들은 탁월한 미모를 자랑했다.

거기에 반해서 난 아이디어나 열정 밖에 없었다. 그래서인지 난 방송 일에 피와 땀과 고통을 쏟아 부었다.

나의 어머니는 젊은 시절 미스코리아 대회 결승에 진출했던 분이다. 키 크고, 날씬하고 매력적이었던 어머니에게 감독이나 프로듀서들이 일을 해보자고 접근했다. 그러나 어머니는 거절 했다.

"대중 앞에 나서는 일을 해서는 절대 안 된다."

어머니는 이렇게 보수적인 부모님의 반대에 부딪혀 무조건 그분들의 말씀에 따라야 했다. 내가 뉴스 앵커로 승진하던 날, 어머니는 아마도 자신이 포기했던 길을 딸이 가는 것에 대리만 족을 했음이 분명하다.

그녀는 평소에 자신에게 이렇게 물었을 것이다.

'내가 선택한 이 길 대신에 다른 길을 택했더라면 내 인생이 어떻게 달라졌을까?'

어머니가 아버지와 결혼하지 않고, 예술을 공부했다면? 어머 니는 예술가가 되고 싶었다고 했다. 그러나 집안의 반대로 법학 을 전공하고, 졸업 후에는 전문직을 갖고 싶었지만 결국 장관의 비서가 되었고, 그것도 아버지의 적극적인 구애로 결혼하고 나서는 일을 그만두었다.

　결혼과 동시에 일을 그만둔 어머니는 당시 대부분의 여성들처럼 커리어의 꿈을 접고 결혼생활과 자식을 키우는데 전념했다.

　"엄마가 아빠랑 연애하던 이야기 좀 해줘 봐요. 어떻게 만났어?"

　어린 시절, 난 부모님이 결혼하게 된 이야기가 궁금해서 어머니에게 물어봤지만 늘 이렇게 대답했다.

　"뭐, 그냥 그렇게 된 거지 뭐."

　난 당시에 어머니의 이런 성의 없는 대답을 이해할 수가 없었다.

　'어떻게 결혼을 그냥 그렇게 하는 거지? 사랑하지 않는 사람과 결혼할 수 있나?'

　하지만 난 철이 들고 나서야 알았다. 당시에는 남자가 이끌고 여자는 따라가야 하는 그런 남, 여 관계로 인한 것임을 말이다.

왜 사는지, 삶의 목적을 찾아라

　우리 부모님은 서로 다른 성격으로, 인생에서 같은 곳을 바라보지 않고, 서로 다른 곳을 바라보았다. 아버지의 가족은 고향을 이북에 둔 집안으로 남성우월주의가 강했다. 친할머니는 무당과 점쟁이에 의존했다. 반면에 어머니 집안은 가톨릭과 기독교를 믿는 깨어있는 집안이었다.

난 종종 부모님의 결혼생활에 의문을 가졌다. 왜 그들이 함께 살아야 하고 가정을 가졌는지, 난 왜 부모님이 자주 다투면서도 단지 부부라는 이유로 함께 살아야 하는지 궁금했다. 미국에서 어린 시절 성장하는 동안에 주변의 많은 이들이 이혼을 하고 또 재혼을 해서 행복하게 살아가곤 했다.

난 어린 시절에 이런 생각을 했다.

'이 사람과의 결혼생활이 행복하지 않고 자주 싸운다면, 자기에 맞는 배우자를 찾는 것이 더 나은 것이 아닌가?'

그런 잘 맞지 않아 보이는 부모님의 결혼생활이 나에게 많은 영향을 미쳤다. 난 내게 딱 맞는 상대를 찾고 싶었다. 하지만 내게 맞는 사람을 찾아내는 건 정말 힘들었다.

지금 부모님은 서로를 잘 돌봐주고, 모든 일에 잦은 말다툼은 하지만 여전히 잘 지내신다. 어머니는 예술에 대한 열정이 깊었다. 지금은 재능 있는 화가로, 골동품 수집가로, 미술품 감정가로, 포기했던 꿈을 찾으셨다.

어머니는 아주 꼼꼼하고 완벽주의적인 성격이지만 아버지와 그렇게 다투었어도 아버지 옆을 지키고 있다. 완벽을 추구하는 그녀 인생에 이혼은 실패를 의미하는 것이다.

만일 어머니가 자신의 잠재력을 살렸다면, 다른 삶을 살았더라면 어땠을까? 그래서 어머니는 늘 우리에게 할 수 있는 만큼 자신의 커리어를 추구하라고 말했다.

"너희는 성취해야 한다. 결혼은 기다려서 해도 돼. 남자는 그리 중요하지 않아. 여자도 커리어를 가져야 해."

난 딸이 네 명이나 되는 어머니가 왜 남자들이 중요하지 않다고 말하는지 이해하지 못했다. 난 남자들이 궁금했다. 그러나 어머니는 늘 이렇게 말했다.

"남자는 두 번째 문제야."

알게 모르게 어머니의 충고 덕분에 커리어를 추구했고, 그래서 지금의 내가 있는 것이다.

인생의 그 어느 때 보다 편안하고 만족한 상태인 지금, 난 깨달았다. 일에 빠지면 한 목표를 끝내고, 다른 목표를 좇느라 끝이 없다. 한자리에 올라가면 다른 자리를 바란다. 다람쥐 쳇바퀴처럼 일을 하면서 성취도 했지만 경력의 사다리로 높이 가면 갈수록 인생은 의미가 있어야 한다. 삶의 장기적인 목표가 중요하다.

당신의 장기적인 목표는 무엇인가? 삶의 목적은 무엇인가? 그 걸 끊임없이 찾고, 찾았으면 추구하라.

On Air, 잊을 수 없는
인생의 순간들

나에게 깨달음을 준 유명인사들

◉

인터뷰할 때 정해진 성공의 공식은 없다. 그래서 국가원수, 기업가, 유명 인사를 인터뷰 할 때는 끊임없는 준비와 사전 조사가 중요하다. 좋은 인터뷰를 하려면 그들의 세상을 이해해서 적절한 질문을 하고 그들의 긴장을 풀어 주어야 한다. 그래서 사람들의 감정기복이나 행동패턴을 파악하는 것 또한 중요하다.

이 모든 것은 직감이 알려준다. 세상의 슈퍼스타와 엘리트들과 어울리려면 강한 정신력을 가지고 있어야 한다. 결국엔 인터뷰 대상의 긴장을 풀어주는 것이 나의 임무였다. 그래야 그들이 더욱 편안하게 자신을 드러내고 자신의 생각을 드러낸다.

베르나르 쿠슈네

'국경없는 의사회'를 공동 창립한 프랑스 의사 출신의 정치가인 베르나르 쿠슈네(Bernard Kouchner)를 만났을 때엔 그는 이미 슈퍼스타였다. 프랑스 사르코지 정권에서 외무부장관으로 일하는 그는 자그마한 체구였다.

싱가포르 부촌인 나심 로에 위치한 프랑스 대사의 저택, 널찍한 거실에서 그와 마주한 순간, 우리는 서로 긴장감을 느꼈기에 그걸 먼저 풀어야 했다.

이 외교관은 이란의 핵 제제와 미얀마의 2007년 반정부 시위 단속에 대해서 단호한 제재를 가하려고 했다. 쿠슈네는 논쟁의 도마에 올랐던 사람이지만 나는 그가 직설적이고 두려움이 없는 외교관이며 드라마틱하고 위험한 일에도 헌신하고, 행동하는 외교를 신봉하는 사람이라는 인상을 받았다.

지난 40년간 주요한 국제 분쟁에 개입했던 탓인지 그는 세계를 완벽하지 못한 곳이고 고통 받는 인간이 있는 곳에는 누군가의 개입이 필요하다고 보았다.

그는 자신이 프랑스의 외교부장관으로서의 임기가 6개월밖에 남지 않은 시점에서 미얀마 사태 해결을 할 수 없을 지도 모른다는 생각을 하는 것 같았다. 그러나 그는 계속 강하게 미얀마 정부를 압박하려고 했고, 그 행동하는 외교가 결실을 맺어서 그와 인터뷰 한 지 5년 뒤 2012년 4월에 미얀마는 민주주의를 받아들였고 아웅산 수치가 50년간 고립되어 있다가 보궐선거에서 44개의 의석을 확보했다.

살바토레 페라가모 주니어

어떤 사람들이 세상의 부조리함과 싸워나갈 때에 어떤 사람들은 개성 있는 디자인과 독보적인 장인정신으로 세계 패션을 이끌어 나간다.

살바토레 페라가모라는 남부 이탈리아 출신의 별 볼일 없는 구두장이가 마릴린 먼로, 오드리 헵번, 소피아 로렌 같은 스타들의 발을 책임진 전설적인 이야기는 이미 유명하다. 전설의 할리우드 여배우 그레타 가르보는 이탈리아 플로렌스에 있는 그의 가게를 한 번 방문했을 때 70켤레의 페라가모 신발을 샀다는 이야기도 있었다.

페라가모는 1960년 62세가 되던 해에 사망했지만 그의 브랜드는 계속 번창했고 세계적으로 뻗어나가기 시작했다. 그는 아내와 여섯 자녀를 둔 가장으로, 가족경영을 유지하면서 페라가모라는 세계적인 명품 제국을 완성했다.

신발에서부터 핸드백, 향수, 패션 액세서리, 남녀 모두를 위한 기성복에서부터 시작해 와인, 호텔, 스파까지 모든 것을 제공하는 회사가 되었다. 가족이 운영하는 이 회사가 와인과 호텔 산업까지 진출한 계기는 당시에 34세였던 페라가모의 손자 살바토레 페라가모 주니어의 주도하에 이루어졌다.

살바토레 페라가모 주니어를 만나던 날, 싱가포르 플러턴 호텔에서의 첫 만남에서 그는 마치 현대의 귀족을 보여주듯 멋졌다. 키가 크고 잘생겼고 유려한 말솜씨에 완벽한 옷차림의 젊은 기업가는 그의 할아버지를 연상시켰다.

"할아버지는 그냥 구두장이었습니다. 그 당시에 구두장이라면 가장 천대받는 일 중 하나였을지 모르지만 그는 정말로 그 일에 대한 믿음을 가지고 계셨습니다. 할아버지는 굉장한 열정을 가지고 회사를 만들었고, 할아버지로부터 배울 수 있는 교훈은 누구나 확고한 목표를 가지고 나 자신을 믿으면 그 열정으로 성공할 수 있다는 점입니다."

페라가모 주니어 역시 그렇게 열정을 불태웠다. 투스카니에 '일보로(Il Borro)'라고 하는 와인 양조장을 만드는 것을 설명하면서 '일보로(Il Borro)'에서 만든 첫 와인이 로버트 파커가 92점을 매겼다고 자랑스럽게 말했다. 로버트 파커는 가장 영향력 있는 와인 감정가였고 그로부터 좋은 평가를 받았기에, 열심히 일하면 성과를 얻을 수 있다는 그의 믿음을 확고하게 만들어주었다. 그러나 동시에 그는 돌아가신 할아버지가 남긴 거대한 회사를 운영하는 것에 대한 부담감도 숨기지 않았다.

"저는 살바토레 페라가모라는 이름을 물려받았기 때문에 잘해야 한다는 압박감이 있지요. 하지만 도전을 즐기고 이것은 좋은 도전거리였습니다."

뒤늦게 와인산업에 뛰어들고 일보로 저택을 호텔, 스파, 골프코스까지 완벽하게 갖춰진 곳으로 탈바꿈시킬 것이라고 말했다. 최소한 6-7년은 걸릴 3단계 프로젝트이지만 그의 목표는 투스카니 풍의 생활양식을 즐길 수 있게 제공하는 것이었다.

그가 자신의 꿈에 대해서 이야기하며 눈을 반짝이던 순간, 나역시 '꿈을 진심으로 믿는다면 정말로 그 꿈을 이룰 수 있을 것이다.' 라는 걸 다시 한 번 믿게 되었다.

이것은 역시 페라가모 가족 1세대부터 3세대까지 전해져 내려오는 믿음이라고 했다. 2006년 8월의 그 인터뷰로부터 몇 년이 지났고, 페라가모 주니어는 그의 목표를 이루어냈다.

7백헥타르에 달하는 일보로 저택은 투스카니 생활양식을 즐길 수 있는 19세기 풍의 럭셔리 부티크 호텔과 멋진 레스토랑, 포도원, 스파와 골프 코스가 갖춰진 고급스런 시설로 완성되었다.

조안 첸

구두 만드는 회사가 이렇게 세계적인 명품 브랜드로 재창조 되듯이 자신을 재창조하는 것은 모든 일에서 중요하다. 이것은 연기자나 엔터테이너에게 더욱 중요할 지도 모른다. 마돈나나 제니퍼 로페즈 같은 슈퍼스타들은 자신을 재창조하는 일의 달 인들이다.

중국계 미국인 배우이자 감독인 조안 첸 또한 그러했다. 그녀 는 자신을 재창조하여 그 분야의 일인자가 되었다. 그녀를 일 약 스타로 만들어준 1986년 개봉작 베르나르도 베르톨루치 감 독의 '마지막 황제'에서 그녀는 약에 중독된 중국의 황후 역할을 했다.

그 이후 그녀는 '트윈 픽스 Twin Peaks' 란 미국의 히트 드라 마에서 조시 패커드란 방앗간 주인으로 열연했고, 1998년도에 는 비평가들의 찬사를 얻은 1970년대 중국의 문화대혁명을 배 경으로 한 '시우시우(Xiu Xiu: The Sent Down Girl)'라는 작품 으로 감독 데뷔를 했다. 직접 만난 첸은 늘씬하고, 키가 크며 고 상하고 지적이었다.

그녀는 결혼과 부모가 되는 것, 그리고 40대 중반 여성이 바 라는 바, 등 자신의 주장이 확실했다. 그리고 연기가 자신을 더 나은 사람으로 만들었고 다양한 역할을 연기하는 것은 항상 그녀에게 교훈을 준다고 이야기 했다.

"이게 바로 연기하는 이유고 다른 사람이 되어보고 그들을 이해할 수 있게 하는 기회입니다. 연기는 제가 겸손한 사람이 되게 해주고 있어요."

첸은 30년 가까이 영화산업에 종사하면서 영화계의 베테랑으로 살고 있지만 20세에 미국에 처음 도착했을 때의 혼란스러움과 다른 가치관과 다른 문화 때문에 힘들었던 기억을 회상했다. 그러나 그녀를 늘 정신 차리게 한, 한 가지는 할리우드에서 영화를 할 것이라는 목표였다.

"목표의식과 열정이 날 깨어있게끔 해주었어요. 이게 아니었다면 난 평생 방황했을 거예요."

그녀는 이렇게 지난날을 회상했다.

그녀의 말처럼 나도 역시 시종일관 목표의식과 열정을 가지고 내 일에 빠져들었던 것을 떠올리며 깊이 공감했다.

분단의 땅을 넘다

◉

    누구나 삶을 바꿀 커다란 계기를 목마르게 기다린다. 언젠가 그런 순간을 만나게 되는 날을 꿈꾸며 말이다. 난 내 인생에서 그런 순간을 맞이했다. 그건 정주영 현대그룹 회장이 소떼방북과 관련된 일이었다.

    1998년 6월 정주영 전 현대그룹 회장은 고향땅을 방문하기 위해서 5백 마리의 소떼를 50개의 트럭에 실어서 판문점을 넘어 북한 땅을 밟는 계획을 세웠다. 난 그의 계획에 감동했다. 어릴 때부터 이북에서 은행가였던 할아버지가 월남했던 이야기를 많이 들었다. 아버지의 가족은 전쟁 전 개성에서 거주하고 계셨고, 전쟁이 발발한 후에는 인천으로 그리고 부산으로 피난 왔고, 다시 우리 아버지의 가족은 서울에 정착했지만, 북한에는 아직도 친지가 남아있다고 들었다.

현대그룹 정주영 회장의 방북은 승인되었고, 한반도에는 변화의 바람이 불고 있었다. 당시 김대중 정부는 햇볕정책을 추진하며 남북 대화를 이끌고 있었다. 난 방북 기자단에 꼭 선발되고 싶었다. 그래서 현대는 물론이고 정부 부처의 담당자 리스트를 찾아보고 관련 부처인 통일부 및 외교부와 문화관광부의 핵심부처에 연락했다. 실무자들에게 전화를 걸고, 이메일로 연락하면서 방북 기자단에 참여하고자 노력했다. 끝도 없는 통화와 이메일을 보내고 엄청나게 조사를 했지만 처음에는 큰 희망이 안보였다. 그러나 낙담하지 않고 밤낮으로 계속 노력했다. 하루에 몇 백 통의 전화를 걸고 담당자에게 수십 통의 이메일을 보냈다. 난 우리 방송국을 대표해서 취재를 꼭 해야만 했다.

"시간 낭비하지 말고 하는 일이나 잘 하지."
이렇게 내 노력을 부정적으로 바라보던 동료나 상사도 있었다. 게다가 우리는 신생 방송국, 더구나 케이블 방송국이었다. 그러나 난 내 뜻을 굽히지 않았다. 그 누구도 우리 신생 방송국에 취재허가가 내려지리라 생각하지 못했다.
취재를 위한 조건은 까다로웠고 오직 50명의 기자들만이 방북 취재를 허락받았다. 게다가 철통 보안된 DMZ지역을 지나가야 하기에 정부는 취재 인원을 최소화하기로 한 것이다. 보안문제 등 풀어야할 숙제가 많기 때문이었다.

국내 기자, 외신 기자 통틀어서 단 50명만이 선발되기에 경쟁이 치열했다. 국내 방송사인 KBS, MBC, SBS, YTN, 그리고 조선일보, 중앙일보, 동아일보 등 메이저 언론사가 우선권이 있었다. 외국 미디어로는 CNN, ABC, BBC, 뉴욕타임즈가 선발 대상이었다. 이렇게 막강한 방송국과 신문사들 틈에서 우리 방송국이 선택될 확률은 희박했다. 그러나 난 꾸준히 시도했다.

"아리랑 TV는 영어 방송이므로 전 세계의 시청자들에게 한국적인 이야기를 한국인의 관점에서 전달할 수 있습니다."

난 담당자에게 이메일과 전화, 개인적인 방문을 통해서 다방면으로 설득하고 있었지만 돌아오는 담당자들의 대답은 늘 똑같았다.

"노력은 높이 사지만 이건 좀 힘들어요. 내 권한 밖의 일이에요. 미안합니다."

이 기간 동안 다른 언론사들은 엄청난 로비를 하며 참여하려고 애썼지만 난 혼자 좌충우돌하고 있었다. 정말 죽기 살기로 달려들었던 건, 나중에 후회하고 싶지 않아서였다.

참여 언론사가 결정되는 운명의 날, 통일부가 최종 리스트를 발표했다. 당시 난 비디오를 편집 중이었는데 사장님이 성큼 성큼 편집 부스로 걸어 들어왔다. 내가 올려다보자 그가 말을 꺼냈다.

"자네 이름이 50명의 기자단 안에 들어있네. 난 불가능하다고 봤는데 내가 틀렸나봐. 정말 축하하네."

그의 말을 듣고 난 거의 기절할 뻔했다. 이어서 상사들이 뉴스 룸으로 몰려들어서 나를 축하해주었다. 당시 분위기는 거의 열광적이었다. 이제 갓 출범한 신생 언론사가 당당하게 선발된 것이다. 나는 놀라서 아무 말도 할 수 없었다.

"그동안 협조해 주신 것 너무 감사드립니다."

나를 도와준 모든 이들에게 감사의 전화를 걸었다. 그동안 취재허가를 받기 위해서 여기 저기 엄청나게 전화를 돌려댔던 터라 손가락이 아파서 전화버튼도 엄지손가락으로 눌러야 했기에 더 감격스러웠다.

나를 도와준 이들은 모두 고위직이 아니라 정부부처와 현대그룹의 실무레벨에 있던 이들이었다. 이들은 나를 상사에게 추천해주고 믿을 만하다고 말해주었다. 난 도움을 준 이들에게 한 명, 한명 감사의 인사를 하면서 안도했다.

당시 일은 아직도 기억에 생생하고 나를 도와준 모든 이들에게 감사한다. 진심으로 노력하면 통한다는 삶의 깨달음을 얻었다. 그 후에 회사에서의 내 평판도 몰라보게 달라졌고 나를 뒤에서 수군대던 그 여자 동료들도 더 이상 나를 괴롭힐 수가 없었다. 이 일은 내 커리어에 큰 전환점을 만들어준 잊을 수 없는 일이었다.

DMZ를 향해 가다

드디어 방북을 하는 운명의 날, 우리 취재팀이 방송국에서 출발해서 DMZ를 향해 55킬로미터를 운전해서 갔는데 평소 걸리는 시간의 절반 밖에 안 걸렸다. 그러나 우린 다른 기자단 일행이 모일 때까지 기다려야 했다.

DMZ는 추웠다. 잠시 후에 지평선에서 해가 얼굴을 내밀고 무성한 푸른 평원을 비출 때 누군가 소리쳤다.

"해가 떴어요! 드디어!"

우리 취재 차량에서 몇 백 미터 정도 떨어진 곳엔 라이브 방송 자재가 실린 KBS로고를 단 트럭이 있었다. 다른 방송국이나 신문사의 직원들도 차례로 등장했다. 공영방송국인 KBS는 모든 준비가 완벽해보였다.

그 속에서 우리는 가난한 사촌같이 보였다. 초라하게 느껴지는 내 자신이 걱정스러워 갑자기 '이 모든 걸 잘해낼 수 있을까'라는 생각이 들었다. 그러나 DMZ의 눈부신 햇살은 이런 내 걱정을 저 멀리 날려버렸다.

얼마 후에 촬영기자가 나에게 어떻게 JSA에 들어갈 수 있냐고 물었을 때, 난 갑자기 멍했다. 다른 기자들의 모습이 안보였다. 촬영기자들이 촬영하는 동안, 난 현대직원들과 인사했는데 그들은 나를 보고 놀랐다.

"지금 버스를 놓치신 거 아닌가요?"

난 충격을 받았다. 이미 JSA(남북 공동경비구역) 안으로 50명의 기자들이 들어가 버린 것이다. 기자단은 두 개의 버스를 타고 이동했고 그 허락된 인원 외에는 누구도 북한과 남한 병사가 마주하고 있는 JSA로 들어갈 수 없었다. 미리 UN 사령부에서 허가를 받아야했는데 문제는 이미 상황이 종료된 것이었다.

난 버스를 놓쳤고, 왜 미리 계획을 듣지 못했는지 엄청나게 궁금했다. 갑자기 화가 나고 좌절감이 밀려들었지만 실패할 순 없었다. 어떻게 하든지 난 촬영기자와 같이 버스에 타야 했다. 정부 부처, 현대, 그리고 내가 생각할 수 있는 모든 곳에 전화를 걸기 시작했지만 누구도 소용이 없었다. 이 상황을 수습할 가능성은 거의 없었고, 세상이 무너져 내렸다. 정주영 회장의 모습을 촬영할 수 없다면 난 끝장이라고 생각했다.

그때 갑자기 소를 태운 트럭이 길게 늘어서고 사이렌이 울렸다. 내가 좌절하고 있을 때 내 앞에 몇 명의 비서를 데리고 가는 회색머리의 중년 남자가 보였다. 얼굴은 꽤 익숙했으나 난 그가 누구인지 기억이 나지 않았다. 하지만 그에게 달려가 그의 팔을 붙들고 간절히 애원했다.

"절 도와주실 수 있나요? 제발 도와주세요. 부탁드려요."

부드러운 얼굴을 가진 그 남자는 놀라서 왜 그러냐는 듯 의아한 눈빛으로 쳐다보았다. 그의 한쪽 눈은 움찔거리고 깜빡거리고 있었다. 내 기자증을 흘깃 본 후에 그는 침착하게 말했다.

"기자님, 뭘 도와드릴까요? 서두르셔야 합니다. 정 회장님이 이제 곧 기자회견을 하실 예정인데 난 빨리 버스에 타야해요."

난 내가 처한 상황을 설명하고 그가 나와 카메라맨을 같이 데려갈 수 있냐고 간청했다. 그는 엄중한 보안과 규정을 언급하며 거절했다. 그러나 난 포기하지 않았다. 그는 내 유일한 희망인 것 같았고, 난 마치 내 생명을 걸듯이 애원했다.

내가 비록 버스에 타지 못했지만 이 사건을 취재할 50명의 기자단에 포함되어있으니 그 어떤 법도 어기는 것이 아니라고 빌었다. 나는 그가 도와준다면 절대로 그의 은혜를 잊지 않을 것이라고 강조했다. 눈물로 가득 찬 내 눈을 바라보고 그는 절박함을 느꼈는지 이렇게 말했다.

"카메라맨을 데려오세요. 여기서 정확히 1분만 기다리겠습니다. 만일 누군가 이 사실을 알게 되면 난 큰일 나요. 절대로 얘기하지 말고, 그리고 두 명은 다 힘들고 아리랑TV가 정 회장님을 밀착 취재해 주기로 했다고 하고 카메라맨만 데려가는 것이 가장 좋은 방법일 거 같습니다."

내가 못 간다는 말에 실망했지만 어쨌든 일은 해결되었다. 그래서 촬영 기자를 불러서 그를 보냈다. 버스가 마지막 검색대를 통과하며 판문점 안으로 들어가는 것을 보자 난 안도와 피로감에 길바닥에 주저앉았다. 나중에 알고 보니 그 중년의 신사는 정 회장의 오른팔인 김윤규 씨였다.

분단의 현장에서

"10, 9, 8, 7...... 3, 2, 1. 큐."

카운트다운이 들려왔다.

"안녕하세요, 좋은 밤입니다. 시청자 여러분, 남북관계에 있어서 매우 역사적인 순간입니다. 남북한이 적개심의 벽을 깨고 화해를 향해 나아가고 있습니다. 반세기만에 처음으로 8백여 명의 실향민들이 금강산으로 관광을 떠날 준비가 되어있습니다. 분단 이래로 이렇게 많은 숫자의 민간인들이 북한 땅을 밟은 적이 없었습니다."

몇 분에 걸친 생방송으로 아리랑 TV 스튜디오에 있는 앵커들과 짧은 질의응답을 한 뒤 생방송은 끝났다. 나는 굉장히 들떴고 긴 하루가 드디어 끝났다는 것에 안도했다. 호텔로 돌아와서 노트북을 켰고 북한에 가서 쓸모가 있을 법한 보도의 초안을 작성했다. 부모가 자식과 헤어진 이야기, 부인이 남편과 헤어진 이야기, 형제들끼리 헤어진 이야기, 손주들과 조부모가 헤어진 이야기 등 수많은 가슴 찢어지는 사연이 있었다.

나는 부모님 세대처럼 전쟁을 겪어보지 못했기 때문에 분단이 얼마나 많은 사람을 고통스럽게 했는지 상상도 할 수가 없었다. 가장 슬픈 아이러니는 이곳을 방문한 이유가 죽기 전에 어떻게든 결말을 맺고 싶었기 때문이라는 것이었다. 할머니, 할아버지들이 굳은 결심 하나만으로 지팡이와 친척들에게 의지하며 가파른 언덕을 걸어 올라가는 장면을 보는 것은 감동적이었다. 어떤 사람들은 심지어 휠체어를 타고 있었다. 오래전에 헤어진 가족의 흑백사진 정도만 가지고 마지막 인사를 하면서 그들은 흐느끼고 울부짖었다. 그들의 한 맺힌 울음소리는 골짜기에 메아리쳤다.

북한에서 지냈던 나흘은 내 눈을 번쩍 뜨게 하는 경험이었다. 아무리 취재과정이 힘들었다고 해도 그 경험은 나를 더 큰 세계로 나아가도록 갈망하게 만들었다. 그런 경험을 하고 나서 난 또다시 도전해보고 싶었고 전쟁과 분쟁을 취재하고 싶다는 새로운 꿈이 생겼다.

세계 뉴스의 중심, CNN 스튜디오에서

◉

1999년 아리랑TV에 다니고 있을 무렵이었다. 애틀랜타에 있는 CNN 국제 본부에서 내게 연락이 왔다. CNN의 국제 프로페셔널 프로그램(IPP)에 참여를 권유하는 내용이었다. 각국에서 열두 명 정도의 기자들을 초청해서 장수 프로그램 'CNN World Report'에 참여하는 것이었다.

CNN의 설립자이자 CEO인 테드 터너가 이 프로그램을 구상했는데, 그는 세계 각국의 다양한 관점과 의견을 들어보자는 목적으로 프로그램을 만들었던 것이다.

난 수년간 이 프로그램의 주요 기고 기자(contributor)였지만 직접 애틀랜타에서 제작 참여를 결심하기까지 거의 일 년이 걸렸다. 그건 내가 한 달간이나 아리랑TV에서 일을 못하게 되는 걸 의미했기 때문이다.

드디어 미국 CNN 프로그램에 합류를 결정하고, CNN 본사가 있는 미국 조지아 주 애틀랜타에 도착했다.

그곳에서 친해진 레바논에서 온 TV기자인 제이나와 난 종종 다른 동료들과 곧잘 어울렸다. 터키 방송국과 신문사의 선임 UN 특파원 세마, 그리스 아테네에서 온 금발의 TV기자겸 앵커인 파니스, 그리고 바하마에서 온 키가 크고 까무잡잡하며 잘생긴 뉴스 앵커 제롬까지, 우리 다섯 명은 굉장히 다양한 조합이었다.

우리는 서로 친해져서 코카콜라 공장과 1996년 하계 올림픽 당시에 지어진 센테니얼 올림픽 공원까지 애틀랜타 곳곳을 함께 돌아다녔다.

CNN 스튜디오에서

CNN 국제 본부는 애틀랜타 시내에 위치했다. 친하게 지냈던 제이나와 나는 종종 그 거대한 시설 안에서 길을 잃곤 했다.

난 전설적인 여기자인 크리스티안 아만포어와 같은 건물에 있다는 것이 실감나지 않았다. 부르면 닿을 거리에 그녀가 있는 것이었다. 영상기사와 음향기사들, PD, 보조 PD, 뉴스 보조, 그래픽 디자이너들, 기자들이 전 세계에서 보내온 기사를 방송하려고 뉴스 대본을 들고 여기저기 뛰어다는 모습이 인상적이었다.

정신없이 바쁜 생방송 현장 한 가운데, 거물급인 총책임 프로듀서가 걸어 들어오더니 지시를 내렸다.

"이제 프로그램으로 들어갑시다. 속보 준비하세요. 크리스티안은 잘 연결되어 있나요? 좋아요, 시작하죠. 10, 9, 8.....4, 3, 2, 1."

이처럼 일사분란하게 움직였다. 속보가 우선이므로 엄격한 지휘체계가 자리 잡혀 있었다. 이것이 CNN을 뉴스 업계의 선두주자로 만든 이유인지, 아무튼 한 사람의 지시에 따라서 스태프들은 재빨리 움직였다.

내가 본 뉴스 룸 안에서는 익숙한 얼굴들이 많이 보였다. 그 유명한 앵커들, 버나드 쇼, 주디 우드러프, 짐 클랜시, 라릿사 바실레바, 조나단 맨 같은 CNN의 스타 앵커들과 기자들을 내 눈앞에서 볼 수 있었다.

불가리아 출신의 여성 앵커 라릿사 바실레바와 우리 일행의 질의응답 시간이 마련되었다. 30대 초,중반으로 보이는 바실레바는 자그마한 체구지만 강렬한 인상이었다. 흰 피부와 대조되는 놀랄 만치 아름다운 크리스털 블루의 눈동자와 칠흑 같은 쇼트 컷 헤어의 그녀는 인상적이었다.

질의 응답을 시작한지 얼마 안 되어서 난 그녀가 얼마나 솔직하고 현실적이며 판단력 있는 사람인지 깨닫고 놀랐다.

그녀는 불가리아에서 톱 앵커의 위치까지 올라갔던 시절을 떠올리며 불가리아의 수도인 소피아에서 CNN 월드 리포트 프로그램에서 일하기 시작한 몇 년 뒤, 일이 순조롭게 흘러가서 드디어 애틀랜타의 CNN 본부에서 일해보자는 제안을 받았다고 했다.

그녀의 고향 불가리아는 1990년에 공산주의가 무너지고 민주화가 시작되고 있었다. 그녀는 싱글 맘으로 두 개의 여행 캐리어와 아들을 한 팔에 안고 공항에 도착했다고 한다.

그녀가 본 미국의 첫 인상은 음식 종류가 다양하고 그 모든 것이 다 맛있다는 것, 그래서 너무 많이 먹어서 다이어트를 해야 했다는 것을 재미있게 이야기 했다.

바실레바와 만나면서 난 아무리 성공한 사람이라도 겸손해야 함을 깨달았다. 그녀는 겸손하고 아름다웠고 재능이 있었다.

테드 터너와의 인터뷰

CNN에서의 생활은 빨리 흘러갔다. 뉴스 제작 현장에 참여하고 한반도 분쟁 관련 그리고 북한 취재 경험에 대해 다루는 프로그램에 출연하고, 토론자 간의 토론에도 참가했다. CNN 뉴스부의 책임자인 이슨 조던은 그 당시 지미 카터와의 평양 방문 이후로 능력을 인정받았다.

그의 이야기는 굉장히 흥미로웠다. 조던은 30대 후반에서 40대 초반밖에 되지 않았던 젊은 임원이었고 내가 CNN에 처음 왔을 때 모든 사람들이 그의 성공담에 대해 이야기했다. 그는 인턴부터 시작해서 노력해서 한 발짝 한 발짝 올라갔고, 드디어 톱의 자리에 올라선 것이다.

키가 크고 밝은 갈색 머리의 푸른 눈을 가진 조던은 매우 활동적인 스타일이었다. 그와 인터뷰를 하면서 난 이렇게 말했다.

"좀 친절하게 말해주시겠어요?"

말할 때 무표정해 보이는 그에게 이렇게 요청하자 그가 나의 당돌함에 놀란 표정이었다.

"뭐라고요? 다시 찍고 싶다고요?"

"네, 지금 하신 말씀은 너무 감정이 없었습니다. 조금 더 친근하게 말씀해주시면 좋겠네요."

이렇게 당돌한 요청을 듣고 그의 측근은 웃었다.

"아리랑 TV의 밀레니엄 스페셜 프로그램에 나갈 예정이라서 좀 더 열정적인 모습이 좋을 것 같습니다."

"오케이."

그는 흔쾌하게 받아들이고 다시 해주었고 그와의 인터뷰는 성공적으로 끝났다.

다음은 또 다른 거물과의 특별한 인터뷰가 남아있었다. CNN

의 창립자, 테드 터너와의 인터뷰였다. 그를 만나러 간 자리에서 그는 툭 던지듯 말했다.

"한국 여성들이 모두 당신같이 예쁘나요?"

테드 터너의 직설적인 말에 잠시 난 당황했다. 그가 급하고 솔직하다는 평판을 알고 있었지만 막상 대하고 나니 당황했다.

"안녕하세요! 터너 씨, 만나서 반갑습니다."

"만약 모든 한국 여자들이 당신같이 예쁘다면 난 당장 서울로 가는 비행기 표를 끊고 서울의 아름다운 여자들을 모두 살펴볼 겁니다."

그가 장난꾸러기 같이 이렇게 말해서 난 웃고 말았다. 그는 나의 요청대로 아리랑 TV의 밀레니엄 스페셜 프로그램을 위한 짧은 축하 인사를 해주었다.

그와 인터뷰하면서 내가 바로 그의 옆에 있는 것이 믿기지 않았다. 중간 정도의 키에 회색 머리카락을 가진 노신사인 그는 평생 써도 다 못쓸 재산과 명성을 가진 사람이었다. 그는 활기 차고 수다스러웠다.

자신이 방송국을 설립한 이유, 즉 아버지의 자살 때문에 20대에 물려받게 되어서 시작한 사업, 그리고 그가 애틀랜타의 다 쓰러져가는 작은 방송국을 지금의 CNN으로 만든 사연 등 초기에 사람들이 무시하던 CNN을 어떻게 글로벌 방송국으로 만들게 되었는지 자세하게 말해주었다.

좋은 것들은 언젠가는 끝나기 마련이라는 옛말처럼 친구처럼 붙어 다니던 동료들, 제이나, 파니스, 세마, 제롬과 보낸 시간들이 끝났다. CNN 프로그램을 마무리 하던 날, 우리는 포옹하고 키스하며 작별인사를 나누었고 언젠가 다시 만나자고 약속했다.

서울로 향하는 비행기 안에서 난 새로운 세계로 향하고 싶다는 소망이 생겼다.

파리에서 일과 휴식의 균형을 찾다

◉

"Le poireau est un légume que l'on retrouve dans beaucoup de classiques de la cuisine française: Quiche aux Poireaux, Tarte aux Poireaux, Soupe de Poireaux, Fondue de Poireaux."
(부추는 다양한 프랑스 요리에 들어가는 야채입니다. 부추 파이, 부추 타르트, 부추 스프, 부추 퐁듀.)

2001년 여름, 프랑스 파리의 '르 꼬르동 블루 요리학교', 스위스와 프랑스의 혼혈인 셰프가 얇은 부추조각을 나무 도마 위에서 착착 썰면서 불어로 설명하고 있었다. 칼솜씨는 거의 예술에 가까울 정도로 정확하고, 멋진 노하우로 마치 춤추듯 칼을 사용하는 것을 난 바라보고 있었다.

파리의 유명한 '르 코르동블루 요리학교'에서 난 청강생 자격으로 그 강의를 듣고 있었다. 그곳에는 여러 나라에서 온 십여 명의 학생들이 있었다. 다들 일류 셰프가 되려고 하거나, 고국에서 가족이 경영하는 레스토랑을 확장할 목적으로 오는 등 학력, 문화, 국적에 관계없이 모든 사람들이 요리라는 공통 관심사로 모여 있었다. 삶을 바꾸는 열정을 좇아서 말이다.

"Coupez les deux extrémités. Gardez 1/3 de feuilles pour 2/3 de blanc. Aprés les avoir rincés,vous pouvez les émincer directement."
(양끝을 잘라내고 이파리의 삼분의 일은 남기고, 삼분의 이는 흰 부분이 남게끔 해두세요.)

파리에서 진짜 휴식을 취하다

유창한 프랑스어 강의를 들으며 나는 갑자기 생각에 빠졌다. 방송계에서 일하는 건 러닝머신 위에서 쉴 새 없이 달리기를 하는 것과 비슷하다. 21세기가 시작되면서 또 세상은 정신없이 흘러가고 있었고 한반도도 숨가쁘게 흘러가고 있었다.

남북정상회담이 이루어지고, 남북 이산가족 상봉도 개최되는 등 뉴스 현장은 쉴 새 없이 새로운 소식을 쏟아내고 있었다.

끝없는 생방송 스케줄, 그리고 반복되는 일상, 이런 정신없는 러닝머신 위의 달리기 같은 일상에서 한번은 벗어나서 나를 깊이 반추해볼 시간이 필요했다. 게다가 난 주어진 휴가를 한 번도 제대로 사용해본 적이 없었기 때문에 내게 휴식이 필요하다는 생각이 들었다.

내가 쉴 수 없었던 것은 몇 가지 이유 때문이었다. 첫째, 난 일에 너무 몰입해서 다른 것은 둘러볼 여유가 없었다. 둘째, 내가 일주일 이상 자리를 비운다면 누군가 내 자리를 차지하게 될까 하는 두려움 때문이었다.

사실 여자들이 장기휴가를 갔다 오면 누군가에게 자리를 뺏겼다는 이야기는 우리 세계에서 제법 흔한 이야기였다. 그만큼 늘 신선한 얼굴과 재능 있는 인재가 여기저기 있었다. 한마디로 무한 경쟁의 세상이었다.

또한 난 한 번도 내가 해낸 일이 완벽하다는 자신감을 가지지 못했다. 그래서 늘 부족한 걸 메우고 싶어서 과로를 하곤 했다. 그러나 이젠 나를 돌아볼 시간이 필요했고, 다행히 회사에서도 어느 정도 탄탄하게 자리 잡았기에 진정한 휴식이 간절했다.

그래서 난 오랫동안 포기했던 장기 휴가, 즉 2주간의 휴가를 신청했다. 내 자신에게 무언가 선물과 보상을 해주고 싶었다.

난 당장 파리 행 티켓을 구입했고 카르티에 라탱(Quartier Latin, 센 강 좌안의 유명한 지역)의 생 자끄(Saint Jacques)란 별 세 개짜리 호텔을 예약했다.

* * * *

드디어 파리에 도착한 날, 생 자끄 호텔에 도착, 체크인을 했다. 그 지역은 활기찬 분위기와 작은 선술집들로 유명했고 그 유명한 파리의 소르본대학이 모퉁이 하나만 돌면 바로 있었다. 난 내 인생에 분위기 전환이 필요했고, 내가 좋아하는 환경에 푹 젖어 삶의 활력을 되찾고 싶었다.

호텔에 체크인을 한 뒤에 서둘러 파리 지하철을 타고 그 유명한 '르 꼬르동블루 요리학교'로 향했다. 학교 관계자에게 내가 파리에 머무는 동안 청강생으로 수업에 참여가 가능한지 물었다.

왜 요리수업이었냐고? 나는 언제나 요리에 대한 열정을 가지고 있었고 요리는 스트레스를 풀고 삶에 감사할 수 있고, 문화의 가장 중요한 부분을 경험할 수 있게 해주는 환상적인 테라피 수단이라고 생각했기 때문이다.

"C'est un grand classique de la cuisine française : le pot-au-feu. Pour un bon pot-au-feu, on utilise généralement de la viande de boeuf. L'idéal est de marier plusieurs morceaux, des maigres, des plus gras et des gélatineux."

(이것은 클래식한 프랑스 요리 포토푀입니다. 포토푀를 잘 만들기 위해서 소고기를 사용합니다. 살코기와 지방과 말랑말랑한 부위를 섞는 것이 가장 좋습니다.)

온통 하얀색의 옷을 입은 회색 머리의 미슐렌 셰프가 부주방장의 도움을 받으며 향기로운 포토푀를 끓이고 있었다. 난 그 순간, 냄비 속에서 팔팔 끓고 있는 다양한 종류의 재료들이 어우러져 맛있는 요리가 되듯이 내 삶 속의 다양한 것들을 채워 넣고 싶고, 세상을 탐험하길 간절히 원했다.

"Et voilà,c'est fini! Vous pouvez parfaitement agrémenter le bouillon de vermicelles et de petits croûtons de pain aillés. Bon appétit!."

(이제 다 되었습니다. 고기육수에 베르미첼리(스파게티면)를 넣고 마늘빵 크루통을 넣으세요. 본 아페티! 맛있게 드세요.)

오랜 기다림이 끝나고 우리 십 여 명의 학생들은 혀끝을 어지

럽히는 소박하지만 진짜 프랑스 요리를 입안에서 탐닉했다.

오랜 기다림 끝에 완성된 요리를 천천히 음미하며 내 영혼 또한 릴렉스 되는 그 순간, 난 내 자신을 방전시켰다. 오랜 동안 긴장 속에서 살아왔던 나를 놓아버리는 순간이었다. 그리고 내 다음 단계를 고민했다.

변화의 현장, 동유럽을 가다

◉

911 테러로 인해 이라크 전쟁이 발발하고, 그 후 우리 정부는 미국과 영국 다음으로 큰 대규모 파병을 계획했다. 3천 명의 비전투부대와 1백 명의 위생병과 기술자들이 파견될 예정이었다.

우리 방송국도 취재단 파견계획을 세웠고 공고가 나자마자 난 망설임 없이 지원했다. 2, 3개월 정도의 취재일정이었지만 사람들은 지원하길 꺼려하고 안전에 대해서 걱정했다. 물론 나도 두려웠다.

그러나 어린 시절 이미 죽음의 문턱에 가까이 갔던 기억이 있기에 난 삶과 죽음의 문제는 내가 어찌할 수 있는 선택의 문제가 아니라는 걸 알고 있었다. 그건 전적으로 인간의 손을 떠난 문제였다. 이 때문에 난 항상 최선을 다했다. 마지막 순간까지 말이다. 난 삶과 죽음에 대해서는 마음을 비우고 이라크와 중동 취재를 하고 싶었다.

당시 '변화하는 중동'이란 프로그램을 기획했는데, 이 프로그램은 내가 전에 했던 시리즈 '변화하는 중국'이란 시리즈의 후속으로 기획되었다. 난 중동과 동유럽 국가, 불가리아, 폴란드, 슬로바키아 같은 국가의 변화상을 취재하고자 했다.

한국 정부의 이라크 파병 결정이 국회에서 지연되고, 난 늦은 밤에 핸드백 하나 달랑 들고 불가리아의 수도인 소피아에 도착했다. 나와 동행을 계획했던 카메라맨은 파리의 샤를 드골 공항에서 길을 잃어서 소피아로 오는 비행기를 놓치고 말았다. 내 짐도 연결되는 비행기가 도착하지 않아서 다음날에 갈아입을 옷 한 벌도 없이 혼자서 공항을 걸어 나왔다.

공항은 마치 폭탄이 떨어졌던 것처럼 황량했다. 이유는 내가 탄 비행기가 착륙하기 몇 시간 전에 소피아 공항에 폭탄 테러 위협이 있었기 때문이다. 주요 인사들이 모두 대피하고, 공항 이용객들도 대피해있었다. 911 테러이후에 모든 공항 등 주요 시설들은 보안에 민감했다.

깜깜한 한밤중에 소피아 도심 지역으로 향하면서 난 동, 서 유럽이 잘 조화된 이 도시의 풍경에 매료되었다. 비잔틴 제국과 오스만 튀르크의 영향을 받은 건축물이 인상적이었고 철의

장막이 사라진 이후로 새 건축물이 많이 지어졌고, 그렇기에 구 건축물과 새 건축물이 서로 대조적이면서도 잘 조화를 이루고 있는 풍경이 신기했다.

아름다운 풍경에 넋을 잃고 보는데, 공항 택시가 고전주의 양식을 잘 보여주는 건축물인 '라르고'라는 건축물을 돌아가고 있었다. 이 지역은 대통령 집무실과 교육부와 쉐라톤 소피아 호텔 등이 위치한 주요 도심이었다. 이 5성급 호텔은 대통령 집무실 바로 옆에 있었다.

택시 기사는 서툰 영어로 농담처럼, 자기는 이 거대한 건물의 공동 주차장으로 들어가는 걸 꺼린다고 말했다. 이유는 마피아가 주차장 사업을 운영하기 때문이라는 것이다.

난 그가 농담을 하거나 날 겁주기 위한 것이라고 생각했다. 하지만 나중에 알고 보니, 동유럽 지역은 마피아 조직이 법보다 더 우위를 차지한다는 것이었다.

호텔에 도착한 시각은 자정이 훨씬 지나서였다. 난 아직 도착하지 못한 내 짐에 대한 걱정을 버리고, 짐 없이 호텔에 체크인 했다.

* * * *

다음날 아침, 같은 옷을 입고서는 내가 고용한 현지 정보원

블라디미르에게 전화를 걸었다. 전직 기자인 그는 취재하러 외국 기자들이 올 때마다 통역가로 일하고 있었다.

불가리아 민주화가 시작된 1990년대 초반 이후 여러 가지 뉴스거리가 줄어들자 대부분의 서구 언론은 철수했고, 그와 더불어 불가리아 현지의 많은 기자들은 실업자가 되었다.

그는 불가리아 경제에 대해서 비관적이었다.

"통계자료가 입증해주듯 최근 몇 년간 불가리아의 실업률은 10퍼센트에 달했고 이것은 급격하게 공산주의에서 자본주의로 이행한 때문입니다."

그는 이렇게 말하며 불가리아 국민들이 오랜 시간 정부에 의존하다가 급격한 시장경제에 적응하지 못해서 거의 절망에 빠졌다고 했다. 그는 거의 삭발한 민머리에 머리부터 발끝까지 검은색으로 입은 덩치 큰 중년의 남자였다. 겉모습만 보면 마피아 보스 같은 이미지였지만 다행스럽게도 그는 매너가 좋았고 부드러운 성품을 가졌다. 그는 나와 함께 커피를 마시고 시내 관광을 시켜주기도 했다. 카메라맨이 아직 도착하지 않았기에 일을 시작할 수는 없었다.

이렇게 일정이 지연되거나 문제가 생기는 일이 종종 일어난다. 물론 황당하고 짜증도 나지만 결국 기다려야하고 그래서 끈기와 인내심을 가질 수밖에 없다. 예기치 못한 상황에서 불평하거나 짜증내는 것은 별 의미가 없다.

이것이야말로 성공을 향한 열쇠이다. 꼬인 상황에서 기적 같은 해결책이나 지름길은 없다. 위기에 대처하는 법을 배워야하고 그 와중에 자신의 임무도 해내야한다. 이러한 능력은 업종, 직위를 막론하고 개인에게 필요한 덕목이라고 생각한다.

불가리아 대통령 게오르기 파르바노프와의 인터뷰

며칠 후 다행히 카메라맨과 내 짐 가방이 도착하자, 서둘러 몇 개의 인터뷰를 진행하고, 이 지역, 저 지역으로 돌아다니다 보니, 예상치 못한 특종을 잡을 수 있었다. 그 특종은 바로 불가리아 대통령 게오르기 파르바노프와의 인터뷰였다. 금발에 키 크고 위엄 있는 풍채의 파르바노프 대통령은 아시아와의 관계가 중요하다고 강조했다. 그는 새롭고 번영하는 불가리아를 꿈꾸고 있었다.

카메라맨과 내가 슬로바키아의 브라티슬라바에 도착했을 땐 벌써 점심시간이었다. 광장은 햇볕에 탄 남녀로 가득했다. 많은 슬로바키아 사람들이 유전적으로 축복받은 것처럼 매력적이었다. 유명한 슈퍼모델들이 슬로바키아나 체코 공화국(두 나라는 예전에 체코슬로바키아라는 한 국가였다) 출신인지 이곳에 와 보니 이해가 되었다.

슬로바키아는 불가리아와는 완전히 달랐다. 이 나라 사람들은 남녀노소를 불문하고 모두 삶의 기쁨이 있었다. 시민들은 카페나 레스토랑에서 식사나 차를 마시며 미래를 낙관하고 있었다.

슬로바키아 사람들은 슬로바키아의 잠재력에 대해서 자랑스레 이야기했고 기아 같은 한국의 회사들이 진출하는 것을 좋은 기회라고 생각했다. 이런 경험을 하면서 내가 미국에서 살았을 때 학교 친구들이 한국이 어디에 있는지 물어보면서 중국의 일부인지 궁금해 했던 기억이 나면서 한국에 빌딩이나 연필이나 차가 있는지 물어 보곤 했던 일들이 떠올랐다.

소피아 시내부터 브라티슬라바 중심부와 폴란드의 수도 바르샤바까지 한국의 경제력이 얼마나 성장했는지를 느낄 수 있었다. 브라티슬라바에서 교황 요한 바오로 2세가 태어난 곳인 폴란드 남부의 크라쿠프까지 가는 10시간의 대장정 동안에 대우, 삼성, 기아, LG, 현대의 로고가 그려진 거대한 광고판들을 쉽게 볼 수 있었다. 긴 겨울잠에서 깨어난 동유럽이 더 부유한 시대를 향해 나아가는 과정을 기록하는 내 여정은 뜻 깊었다.

크게 생각하고 행동하라

요즘도 가끔씩 내가 스키 사고를 당했을 때, 나를 구해준 그 생명의 은인이 지금 어디서 무얼 하고 있을지 궁금하다. 생사의 갈림길에서, 그 눈 덮인 산속에서 나를 구해준 그분에게 감사를 표할 기회가 생기면 좋겠다. 지인들조차 배신하기도 하고, 실망시키는 냉정한 세상에서 타인의 생명을 구하는 그런 선함은 어디서 나오는 것일까?

당시 사고로 인해서 수술을 받고 머리를 빡빡 깎아서 잘 맞지도 않는 가발을 쓰고 절룩거리며 학교에 다녀야 했고, 아이들은 그런 내 모습을 보고는 따돌리기 시작했다.

그 화창한 오후를 잊지 못한다. 학교 야구장 관중석에 혼자 있던 나는 다른 아이들이 잔디밭에서 놀고 있는 동안에 햇볕을

쥐며 스스로 위로를 했다. 마치 인생이 내게 '괜찮아, 다 좋아질 거야'라고 위로하는 거 같았다. 난 지팡이를 짚고 일어나서 눈물을 닦았다. 그리고 뒤를 돌아보지 않고 앞을 향해 걸어갈 것을 맹세했다.

그런 지옥 같은 시간이 지나고 나서야 나는 내 안의 악마와 화해를 했다. 다시 종교의 힘으로 일어서고, 역경과 고난이 목적이 있음을 알게 되었고 현실에 과감하게 부딪쳐 넘어질 때마다 벌떡 일어섰다.

다행히도 지금 난 그때보다는 강한 사람이다. 나를 괴롭혔던 이마의 흉터도 점점 희미해져간다. 그러니 불행도 인생의 일부이고, 인생의 내리막과 오르막이 있다는 걸 깨닫는다면, 삶의 작은 것에도 감사하게 된다.

상황이 힘들어져도 주변사람에게 친절하고 타인에게 연민을 가진 사람이 되라고 말해주고 싶고 나 역시 그런 사람으로 성장하고 있다고 믿고 싶다.

예전만 해도 여자 나이 40세가 되면 이제 여성으로서의 인생은 끝이라고 하며, 여성은 생물학적으로나 커리어에서 40대가 되면 하강곡선이라고 말해왔다. 그러나 이제는 아니다. 여성들이 나이들수록 더 자유롭게 자신의 인생을 통제할 수 있다. 나도 이제 40대에 접어들면서 더 성숙해지고 자신감이 생겼다. 난 이제 더 큰 그림을 보고 있다.

오랜 기간 방송에서 커리어를 쌓아온 내 인생의 3분의 2가 아직 남아있다. 이제 내 인생의 새로운 도전이 시작될 것이다. 내 발걸음이 나를 어디로 데려갈 것인지, 앞으로 누군가를 만날 것인지 무척 궁금하다.

새로운 변화를 맞이한 나의 인생처럼, 이 책을 읽는 이들도 자신의 꿈을 좇는 여정을 행복하게 걸어갔으면 한다.

부록

지혜로운 삶을 위한 명언

지혜로운 삶을 위한 명언

Think like a man of action and act like a man of thought.
행동하는 사람처럼 생각하고, 생각하는 사람처럼 행동하라.

A man that hath no virtue in himself, ever envieth virtue in others.
자기에게 덕이 없는 자는 타인의 덕을 질투한다.

When money speaks, the truth keeps silent.
돈이 말할 때는 진실은 입을 다문다.

Courage is very important. Like a muscle, it is strengthened by use.
용기는 대단히 중요하다. 근육과 같이 사용할수록 강해진다.

Painless poverty is better than embittered wealth.

고통 없는 가난이 괴로운 부보다 낫다.

Faith without deeds is useless.

실천이 없는 믿음은 쓸모가 없다.

Better the last smile than the first laughter.

처음의 커다란 웃음보다 마지막의 미소가 더 좋다.

* * * *

Error is the discipline through which we advance.

잘못은 그것을 통하여 우리가 발전할 수 있는 훈련이다.

Weak things united become strong.

약한 것도 뭉치면 강해진다.

Nature never deceives us; it is always we who deceive
ourselves.

자연은 인간을 결코 속이지 않는다. 우리를 속이는 것은 우리
자신이다.

We give advice, but we cannot give conduct.

충고는 해 줄 수 있으나, 행동하게 할 수는 없다.

Forgiveness is better than revenge.

용서가 복수보다 낫다.

Bear in mind that you should conduct yourself in life as at a feast.

축제에서처럼 인생에서 처신해야 함을 명심하라.

I believe that one of life's greatest risks is never daring to risk.

약간의 위험을 감수하지 않는 것이 인생에서 가장 위험한 일이다.

If I had to live my life again, I'd make the same mistakes, only sooner.

인생을 다시 산다면, 나는 똑같은 실수를 조금 더 일찍 저지를 것이다.

The whole life of man is but a point of time; let us enjoy it.

인간의 삶은 단지 한 순간에 불과하다. 인생을 즐기자.

Do not fear death so much, but rather the inadequate life.

죽음을 두려워 말라. 못난 인생을 두려워하라.

Life's tragedy is that we get old too soon and wise too late.

인생의 비극은 우리가 너무 일찍 늙고 너무 늦게 현명해 진다는 것이다.

* * * *

If you want your life to be more rewarding, you have to change the way you think.
보람찬 인생을 살려면 생각하는 방식을 바꿔야 한다.

Life's greatest happiness is to be convinced we are loved.
최고의 행복은 우리가 사랑 받고 있음을 확신하는 것이다.

All you need in this life is ignorance and confidence; then success is sure.
인생에 필요한 것은 무지와 확신뿐이다. 그러면 성공은 확실하다.

A life spent making mistakes is not only more honorable, but more useful than a life spent doing nothing.
실수하며 보낸 인생이 아무 것도 하지 않고 보낸 인생보다 훨씬 가치있다.

Who begins too much accomplishes little.
너무 많이 시도하는 사람은 성취하는 것이 별로 없다.

The world is a beautiful book, but of little use to him who cannot read it.

세상은 한 권의 아름다운 책이다. 그러나 그 책을 읽을 수 없는 사람에게는 별 소용이 없다.

* * * *

Heaven gives its favourites early death.

하늘은 그가 사랑하는 사람에게 이른 죽음을 준다.

I never think of the future. It comes soon enough.

나는 미래에 대해서는 결코 생각하지 않는다. 미래는 곧 오고 말것이므로.

A happy childhood has spoiled many a promising life.

행복한 어린 시절 때문에 많은 사람들이 촉망받는 인생을 망쳤다.

There are no rules here--we're trying to accomplish something.

인생에 규칙이란 없다. 무언가 이루려 노력하고 있을 뿐이다.

Certainly, travel is more than the seeing of sights; it is a change that goes on, deep and permanent, in the ideas of living.

여행은 단순한 관광 이상이다. 여행은 삶에 관한 생각들이 이어지는 깊고 영원한 변화이다.

Each of us visits this Earth involuntarily, and without an invitation. For me, it is enough to wonder at the secrets.
우리 모두는 초대장도 없이, 지구에 온 손님이다. 그러나 이 비밀조차 감탄스럽다.

* * * *

Make your own recovery the first priority in your life.
자신의 회복을 인생의 최우선으로 삼아라.

Only a life lived for others is a life worthwhile.
오직 남을 위해 산 인생만이 가치 있는 것이다.

In this life he laughs longest who laughs last.
인생에서는 마지막에 웃는 자가 가장 오래 웃는 자다.

He that has no shame has no conscience.
수치심이 없는 사람은 양심이 없다.

The will of a man is his happiness.
마음가짐이 곧 행복이다.

A minute's success pays the failure of years.

단 1분의 성공은 몇 년 동안의 실패를 보상한다.

* * * *

Absence makes the heart grow fonder.

떨어져 있으면 정이 더 깊어진다.

Love your neighbor as yourself.

네 이웃을 네 몸처럼 사랑하라.

Never regret yesterday. Life is in you today, and you make your tomorrow.

어제를 후회하지 마라. 인생은 오늘의 나 안에 있고, 내일은 스스로 만드는 것이다.

Many of life's failures are those who didn't know how close they were to success when they gave up.

인생의 실패자들은 포기할 때 자신이 성공에 얼마나 가까이 있었는지 모른다.

We find no real satisfaction or happiness in life without obstacles to conquer and goals to achieve.

극복할 장애와 이뤄야할 목표가 없다면 인생에서 진정한 만족이나 행복을 찾을 수 없다.

A great secret of success is to go through life as a man who never gets used up.

성공의 비결은 결코 지치지 않는 인간으로 삶을 살아가는 것이다.

* * * *

The greatest lesson in life is to know that even fools are right sometimes.

인생에서 가장 위대한 교훈은, 바보도 어떤 때는 옳다는 걸 깨닫는 것이다.

Envy and wrath shorten the life.

시기와 분노는 수명을 단축시킨다.

To be trusted is a greater compliment than to be loved.

신뢰받는 것은 사랑받는 것 보다 더 큰 영광이다.

To jaw-jaw is better than to war-war.

전쟁보다 협상이 낫다.

Who knows much believes less.

많이 아는 사람일수록 적게 믿는다

Only the just man enjoys peace of mind.
정의로운 사람만이 마음의 평화를 누린다.

Waste not fresh tears over old griefs.
지나간 슬픔에 눈물을 낭비하지 말라.

The most beautiful thing in the world is, of course, the world itself.
세상에서 가장 아름다운 것은 물론 세상 그 자체이다.

Music is a beautiful opiate, if you don't take it too seriously.
음악은 일종의 아름다운 마취제이다.

* * * *

Let thy speech be short, comprehending much in few words.
몇 마디 말에 많은 뜻을 담고, 말은 간단히 하라

Things are always at their best in the beginning.
사물은 항상 시작이 가장 좋다.

A gift in season is a double favor to the needy.

필요할 때 주는 것은 필요한 자에게 두 배의 호의가 된다.

Appearances are deceptive.
외모는 속임수이다.

In giving advice, seek to help, not to please, your friend.
친구에게 충고할 때는 즐겁게 하지 말고, 도움이 되도록 하라.

The difficulty in life is the choice.
인생에 있어서 어려운 것은 선택이다.

Life ought to be a struggle of desire toward adventures
whose nobility will fertilize the soul.
인생은, 영혼을 풍요롭게 만들 숭고한 모험을 하려는 욕망의
투쟁이어야 한다.

Part of the secret of success in life is to eat what you like
and let the food fight it out inside.
인생의 성공 비결 중 하나는 좋아하는 음식을 먹고 힘을 내서
싸우는 것이다.

* * * *

The greatest mistake you can make in life is to be

continually fearing you will make one.

인생에서 저지를 수 있는 가장 큰 실수는 실수할까봐 끊임없이 두려워하는 일이다.

If there was strife and contention in the home, very little else in life could compensate for it.

가정에 불화와 논쟁이 생기면 이를 만회해 줄 수 있는 일은 거의 없다.

To have doubted one's own first principles is the mark of a civilized man.

자기 인생의 첫 번째 원칙에 대해서 의심해 봤다면 그건 교양 있는 사람이라는 증거이다.

Far and away the best prize that life offers is the chance to work hard at work worth doing.

인생이 주는 최고의 상은 시도만한 가치가 있는 일에서 온 힘을 다할 기회이다.